广视角·全方位·多品种

权威·前沿·原创

皮书系列为
"十二五"国家重点图书出版规划项目

中国基金会发展报告
（2012）

ANNUAL REPORT ON CHINA'S FOUNDATION DEVELOPMENT
(2012)

主　编／刘忠祥
副主编／马　昕

社会科学文献出版社
SOCIAL SCIENCES ACADEMIC PRESS (CHINA)

图书在版编目(CIP)数据

中国基金会发展报告. 2012/刘忠祥主编. —北京：社会科学文献出版社，2013.2
（基金会蓝皮书）
ISBN 978 - 7 - 5097 - 4174 - 0

Ⅰ.①中… Ⅱ.①刘… Ⅲ.①基金会 - 发展 - 研究报告 - 中国 - 2012　Ⅳ.①D632.1

中国版本图书馆 CIP 数据核字（2012）第 306899 号

基金会蓝皮书
中国基金会发展报告（2012）

主　　编／刘忠祥
副 主 编／马　昕

出 版 人／谢寿光
出 版 者／社会科学文献出版社
地　　址／北京市西城区北三环中路甲 29 号院 3 号楼华龙大厦
邮政编码／100029

责任部门／经济与管理出版中心 （010）59367226	责任编辑／蔡莎莎	
电子信箱／caijingbu@ ssap.cn	责任校对／杜绪林	
项目统筹／恽　薇　蔡莎莎	责任印制／岳　阳	

经　　销／社会科学文献出版社市场营销中心 （010）59367081　59367089
读者服务／读者服务中心 （010）59367028

印　　装／北京季蜂印刷有限公司
开　　本／787mm×1092mm　1/16　　　　印　张／12
版　　次／2013 年 2 月第 1 版　　　　　　字　数／157 千字
印　　次／2013 年 2 月第 1 次印刷
书　　号／ISBN 978 - 7 - 5097 - 4174 - 0
定　　价／59.00 元

本书如有破损、缺页、装订错误，请与本社读者服务中心联系更换

▲ 版权所有　翻印必究

《中国基金会发展报告（2012）》编委会

主　任　顾朝曦

副主任　王建军

编　委　邓国胜　刘培峰　金锦萍　贾西津
　　　　　陶传进　黄　震　韩俊魁

主　编　刘忠祥

副主编　马　昕

执　笔　沈东亮　卢玮静　何建宇　褚　蓥

编　务　李　莉　郑　帅

此报告的研究和出版得到了凯风公益基金会的资助

摘 要

《中国基金会发展报告（2012）》一共包含一个总报告和四个分报告。总报告以年检数据为依据，描述了中国基金会发展的整体状况，主要包括基金会发展数量、资产状况、收入状况、支出状况和专职工作人员状况。同时又从类型、登记时间、登记地区（部门）的维度分别对上述状况进行了分析。在对2011年基金会现状进行全面分析的基础上，报告展示了基金会的发展趋势并厘清一些基本事实。

分报告1（B.2）和分报告2（B.3）分别呈现了2011年北京市和江苏省登记的基金会发展状况。北京市和江苏省是近年来基金会蓬勃发展的代表省份，但两者基金会的发育状况却又有着明显的不同，通过这两个分报告进一步呈现了不同地区基金会的发育现状和其典型的地区特点。

分报告3（B.4）为2011年大学基金会发展报告，大学基金会数量和资产都迅速增长，且体现出鲜明的群体性特征。该报告从数量、资产、收支、人员、项目等方面对大学基金会发展现状进行分析。

分报告4（B.5）呈现了民政部主管非公募基金会发展现状，除了基金数据描述之外，该报告较为翔实地介绍了这类基金会的内部治理和公益项目开展状况，让读者可以具体地看到这类基金会都在做些什么以及怎样做。

Abstract

The Annual Report on China's Foundations Development (2012) contains a main report and four sub-reports. The main report, which described the overall development status of China's foundations, was based on the data of annual inspection. This main report included the statistical status of foundations' amount, assets, income, expenditure, and full-time staff. At the same time, the main report analyzed all the status reports from perspectives of type, registered years, and region (department) of registry. On the basis of comprehensive analysis of the 2011 status reports of foundations, the main report displayed the development trend of foundations in China and cleared out some fundamental facts.

Sub-report 1 (B.2) and sub-report 2 (B.3) presented the 2011 development status respectively of foundations in Beijing and Jiangsu province. Beijing and Jiangsu province are representative provinces because of the prosperous development of foundations in recent years. Yet, the foundations of these two have evident differences. Through the two sub-reports, the development status of foundations on region differences, and their typical regional features were further displayed.

Sub-report 3 (B.4) is the 2011 development report of university foundations. The amount and assets of university foundations had a significant rise, and presented distinct group features. This sub-report conducted analyses on university foundations from aspects of amount, assets, income, expenditure, personnel and projects.

Sub-report 4 (B.5) presented the development status of non-public foundations supervised by the Ministry of Civil Affairs. In additional to the basic data description, this sub-report described in detail on the internal management and projects of this type of foundations; so as people will be able to see what this type of foundations is doing and how they are doing.

心存高远　脚踏实地
向社会传播"正能量"
（代序）

作为公益慈善类社会组织的代表，从2004年《基金会管理条例》颁布实施以来，基金会步入了快速发展的轨道，数量迅速增加，规模不断扩大，作用日益凸显。到2012年底，全国依法登记的社会组织有49.1万个，其中基金会2961个，与2005年（975个）相比，数量增长了约2倍，增长速度远远快于社会团体和民办非企业单位。但从占比上看，基金会仅占所有登记的社会组织的约0.6%，比例偏低。在未来3~5年，基金会的数量有望达到近6000家。

从基金会的财务指标看，2011年全国基金会的总资产为784.9亿元，年度捐赠总收入为400.7亿元，年度公益支出280亿元，社会贡献和社会关注度大幅提高，整个行业已经初具规模。尤其令人欣慰的是，非公募基金会异军突起，从无到有，由小变大，目前已经有1700多家，在数量上超过了公募基金会，汇聚的资产总额也达到了338.89亿元，成为一支非常重要的公益力量。这种情况的出现并非偶然，因为创设非公募基金会这一组织形式的出发点，就是为了顺应多元化的社会需求，释放政府之外群体参与社会建设的活力，动员汇集各方资源，给热心公益事业的各界人士、各方力量提供一个"圆梦"的平台。今后，随着国家经济社会的不断发展，社会空间的更加开放，法律政策环境的进一步优化，公民慈善意识的不断提升，一定还会有更多的个人、企业等民间力量通过向公募基金会捐赠或设立非公募基金会的方式，来践行

慈悲情怀，为公益慈善事业的发展带来更多的资源和能量。可以预料，基金会特别是非公募基金会方兴未艾，还有很大发展空间。

基金会作为从事公益事业的社会组织，以维护社会公平正义、弘扬社会公益文化为己任。加上在募集资金方面的独有优势，这些年来每年都投入数以百亿计的资金，有力地支持了我国教育、科技、医药卫生、文化艺术、扶贫、环保等社会公益事业，减轻了财政负担，为完善公共服务、传播公益理念、弘扬公益慈善文化做出了积极贡献。

在2008年汶川地震赈灾期间，全国基金会积极响应党和政府的号召，快速反应，积极行动，向社会发出倡议，动员多方力量，广泛筹集资金，共接收公益捐赠211.69亿元，并于当年支出167.63亿元，有力地配合了政府的赈灾行动。在南方冰冻雨雪灾害、青海玉树地震、舟曲泥石流以及云南彝良地震等重大自然灾害发生时，都可以见到基金会工作人员忙碌的身影，感受到基金会带来的正能量！可以说，基金会正逐渐成为社会管理的参与者、社会服务的提供者、群众权益的维护者和社会矛盾的调处者。

基金会一定要找准自身定位，做社会实践的探索者和先进理念的倡导者，向社会传播"正能量"。既要心存高远，更要脚踏实地。要尽力而为，还要量力而行，不要奢望能解决所有的问题。要从个体优势出发，关注那些政府不好做、市场不愿做的事，多做拾遗补缺的事，多做有创新意义的事。还要把事情做精、做细，可以针对一两个社会问题进行深入研究和实践，探索解决的方法，做出品牌，做出文化，做出模板。如果还能可持续、可推广，那就非常有价值了。同时对于已开展的工作要善于总结，要重视原始资料的收集和积累，要加强行业之间的学习和交流。做到这些，不仅对自身的发展大有裨益，而且对于整个行业的发展、对于社会的进步都会起到意想不到的作用。

正所谓聚沙成塔，集腋成裘，如果我们每家基金会都能够贡献一份智慧，传递一份正能量，那么整个社会的正能量就会越聚越多，基

| 心存高远　脚踏实地　向社会传播"正能量"

金会这个行业自然也就会得到全社会的认同和支持。

客观地说，我们的基金会虽然取得了一些成绩，但在内部治理、组织建设、资金筹集、项目运作、公益资源使用效率以及公信力建设等方面还存在问题和不足，与经济社会发展的需要和社会公众的合理期待之间还存在一定距离。我们说基金会还有很大的发展空间，这是有条件的，如果这些问题解决不好，发展就会成为空中楼阁。解决上述问题需要通过政府部门、基金会自身、社会公众和舆论媒体等各方面的共同努力。但基金会的努力是内因，非常重要。所以，基金会一定要自觉主动地在理事会建设、财务管理、项目运作、人员培训、信息公开、商业合作等方面进行全面规范。

作为登记管理机关，民政部门对基金会特别是非公募基金会一直持鼓励发展态度，即便是存在一些问题和不足，也多是以引导和教育为主。但既然在市场机制下企业遵循的是优胜劣汰的法则，那么在建立现代社会组织体制的要求下，基金会也应当有相应的退出机制。所以，对于那些违反法律法规、破坏行业形象、损害公众利益且屡教不改的基金会，也不能迁就姑息，该处罚的处罚，该撤销的撤销，以确保基金会行业的健康发展。

基金会作为公益事业的执行者，作为公益文化的传播者，作为公益慈善理念的倡导者，任重而道远。我相信，只要我们牢牢把握机遇，主动适应调整，强化规范管理和透明运作，注重打造公益品牌和示范典型，积极传播慈善文化和先进理念，共同致力于把基金会事业做强做大，就能引领中国公益慈善事业迈入健康发展的繁荣阶段。

民政部副部长

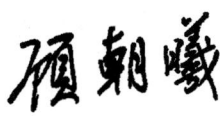

目录

BⅠ 总报告

B.1 2011中国基金会发展报告 …… 001
 导 言 …… 001
 一 全国基金会数量状况 …… 004
 二 全国基金会资产状况 …… 011
 三 全国基金会收入情况 …… 026
 四 全国基金会支出情况 …… 038
 五 全国基金会专职工作人员状况 …… 052
 六 2011年中国基金会发展趋势 …… 059
 附录 境外基金会代表机构 …… 071

BⅡ 分报告

B.2 2011年北京市基金会发展报告 …… 073
B.3 江苏省基金会发展模式：2005~2011 …… 104
B.4 2011年大学基金会发展报告 …… 124
B.5 民政部主管非公募基金会发展现状：2005~2011 …… 142

BⅢ 附录

B.6 关于规范基金会行为的若干规定（试行） ………… 161
B.7 关于加强和完善基金会注册会计师审计
　　制度的通知……………………………………… 168

CONTENTS

B I General Report

B.1　The General Report: Annual Report on China's Foundation
　　Development in 2011　　　　　　　　　　　　　　　　　／ 001
　　　Introductions　　　　　　　　　　　　　　　　　　　　／ 001
　　　1. Amount Status of Foundations Nationwide　　　　　　　／ 004
　　　2. Asset Status of Foundations Nationwide　　　　　　　　／ 011
　　　3. Income Status of Foundations Nationwide　　　　　　　／ 026
　　　4. Expenditure Status of Foundations Nationwide　　　　　／ 038
　　　5. Full-time Staff Status of Foundations Nationwide　　　　／ 052
　　　6. Development Trend of Foundations Nationwide in 2011　／ 059
　　　Appendix: Representative Institutions of Foreign Foundations　／ 071

B II Sub-Report

B.2　Annual Report on Beijing Foundations Development (2011)　／ 073
B.3　Development Modes of Jiangsu Foundations: 2005-2011　　／ 104
B.4　Annual Report on University Foundations Development (2011)　／ 124

B.5 Development Status of MOCA Supervised Non-public Foundations: 2005-2011 /142

B Ⅲ Appendix

B.6 Regulations of Foundations' Conduct / 161
B.7 Notification of Enhance the Audition of Certified Public Accountant / 168

总 报 告

General Report

2011中国基金会发展报告

导　言

这是第二本关于基金会的年度报告。报告选用简洁的图表和文字来呈现2011年中国基金会的整体发展现状。报告定位于让研究者可以从这里获取有效信息，基金会领域内的从业者能看到较为宏观的基金会发育格局，而社会公众也能从中了解基金会各方面的情况。

1. 数据与方法

报告以2011年中国基金会年检数据为基础进行分析，该数据由民政部及地方基金会登记管理机关提供。报告主要采取描述性统计分析的方法，少数地方使用了相关分析，数据分析的统计工具主要是stata软件。本报告采取了全样本数据，即涵盖每一家参加2011年年检的基金会。因为只选取那些容易获得较多信息的基金会将导致选择性偏移[①]，如果没有合理的抽样方案和对抽样数据作显著性的判断，那么数据可能会面临代表性问题，以一部分基金会来代表整个中国基金会的发展状况，可能使最终结论向某一个维度倾斜，即使结论一致，也一定不符合研究的基本逻辑。

报告中的数据全部来源于基金会向其所在的登记管理机关报送的2011年基金会年度工作报告，这些基金会年度工作报告最终将在中国基金会网站（http：//chinafoundation.org.cn/）上呈现。由于登记管理机关使用的是统一的年度检查报告格式，所以这些数据具备统计口径一致、系统全面、真实性和权威性强等特点。

2011年，全国各登记管理机关登记注册的基金会共2515家。其中，参加2011年年度检查的基金会共2411家，未参检的基金会有51家，拟注销的基金会有12家，停止活动或者已注销的基金会有9家，缺失信息的基金会有32家。若未加特殊说明，所用的样本均为参加2011年年度检查的2411家基金会信息。

另外，这里需要明确的是，当年基金会数 = 上一年基金会数 + 当年新成立基金会数 - 当年注销基金会数。所以，并不是每新成立一家基金会，基金会总数就一定会增加。除因不规范操作而依法注销的组织外，基金会还存在"历史遗留"问题，即2004年《基金会管理条例》颁布实施后，之前所有成立的基金会都需要进行登记换证工作，其中一些不换证的基金会已经注销，或者正在进行注销，或者重新登记，加上每年都存在着因运作不规范正在进行整改或注销的基金会，因此和企业一样，基金会的数量处在随时可能增减的动态变化中。同时，各地登记管理机关在新成立基金会的上报及对外公布中存在程序和时间上的差异。因此，我们没有采用实时统计基金会数量的方法，

[①] 主动在网络等媒介呈现信息的基金会往往是注重公信力、运作较为规范的组织，只采集这一部分基金会的数据，可能会忽略那些因为种种原因没有进行信息公开的基金会。

而是按每个季度、年末或者其他的时间节点进行统计。

目前，年检报告数据是中国基金会的实际状况的最有效资料，但这也并不能保证其在每一个细节上与真实情况完全一致。本报告在需要特殊说明的地方都附注了数据来源及有效数据情况，力图更加真实、可靠、有效地呈现基金会的真实信息，尽可能通过客观、信息含量大的表格展现更多的数据，以供研究者参阅。

2. 章节安排

报告分为以下六个方面：

第一部分：2011年中国基金会数量状况。

该部分对2011年中国基金会数量状况加以呈现与分析。2011年，中国非公募基金会数量首次超过了公募基金会，且呈现强劲的发展势头。该部分分析了2003年至今历年基金会数量变化情况，并按类型、时间、登记地区（部门）三个维度对基金会的数量进行进一步的分析，同时对2011年新成立的基金会进行了汇总描述。

第二部分：2011年中国基金会资产状况。

该部分主要关注基金会的原始基金和年末总资产状况。报告对这两个部分分别作了总体情况描述，并分别按类型、时间、登记地区（部门）进行分析。此外，对新成立基金会的情况进行了单独的描述。

第三部分：2011年中国基金会收入状况。

该部分对2011年基金会收入情况进行汇总与分析，首先对基金会收入情况进行总体描述，接下来按类型、时间、登记地区（部门）等维度进行分析，最后对包括捐赠收入、政府补助收入、投资收益等在内的不同类别收入进行了呈现与描述，让读者进一步了解基金会的收入结构。

第四部分：2011年中国基金会支出状况。

该部分与收入状况呈现的内容类似，涉及总体情况描述、分类描

述以及对不同类别的支出情况进行具体的分析。并在最后对2011年基金会资产、收入和支出之间的关系进行了进一步研究。

第五部分：2011年中国基金会专职工作人员状况。

该部分对2011年中国基金会专职工作人员状况进行了描述与分析，其主要内容包括专职工作人员的总体状况，不同类型、时间和地区基金会专职工作人员的状况与特点，以及2011年新成立基金会专职工作人员情况等。

第六部分：2011年基金会发展趋势。

该部分将数据与一些年报中的非数字化信息组合起来，根据2011年基金会现状来分析基金会的发展趋势，并试图基于客观理性的视角去厘清这些现象的基本逻辑，并对其背后的道理以及脉络走向进行概要性分析。

一 全国基金会数量状况

1. 非公募基金会数量首次超过公募基金会数量

截至2011年底，全国各级登记管理机关登记注册的基金会共2515家，其中，参加2011年年度检查的基金会共2411家，未参检的基金会有51家，拟注销的基金会有12家，停止活动或者已注销的基金会有9家，缺失信息的基金会有32家。若未加特殊说明，所用的样本均为2011年年度检查的2411家基金会的信息。

就整体情况来看，自2004年《基金会管理条例》（以下简称《条例》）出台以来，除2005年基金会年增长率为9.19%外，其他年份全国基金会增长率同比均在12%以上。其中，2008年基金会同比增长率达到18.36%，这与汶川地震引发的公益井喷直接相关，但2008年之后基金会年增长率并没有降低，而是维持在15%左右的水平（见表1）。

表 1　全国基金会数量增长趋势

单位：家，%

年份	公募基金会	非公募基金会	总数	同比增长
2003	—	—	954	—
2004	—	—	892	-6.50
2005	721	253	974	9.19
2006	795	349	1144	17.45
2007	904	436	1340	17.13
2008	943	643	1586	18.36
2009	1029	800	1829	15.32
2010	1078	1065	2143	17.17
2011	1115	1296	2411	12.51

注：2010年之前数据来源于中国社会组织网，2010年、2011年数据来源于年检数据。其中境外基金会代表机构（2011年中国境外基金会代表机构一共19家，见本报告附录1）未纳入其中。2004年《条例》出台以前，没有公募基金会和非公募基金会之分，2004年对之前的基金会进行重新换证登记，有些基金会没有在2004年进行换证登记，故基金会数量减少。

2011年，基金会年同比增长率为12.51%，略低于其他年份3个多百分点，但事实上2011年新增基金会351家，新增的绝对数量并没有减少，只是因为随着基金会基数逐渐增大，每年新增基金会的绝对数量虽然也在增多，但是所占比例却相对减小了。

2011年，2411家基金会中，公募基金会1115家，占总数的46.25%，非公募基金会1296家，占总数量的53.75%。非公募基金会超过了公募基金会，比公募基金会多了181家，这是中国基金会发展史上的"第一次"，且从图1可见，非公募基金会仍旧呈现比公募基金会更快速的增长势头。2011年新成立的351家基金会中，非公募基金会达264家，占75.21%。同时，由图2可见，2005年以后每年新成立且存活[①]的非公募基金会数量均是公募基金会数量的2倍左右，2011年，公募基金会成立数量较上年减少，而非公募基金会成立数量持续增长，后者达到前者的3

[①] 每年都有一些基金会注销，当年基金会数 = 上一年基金会数 + 当年新成立基金会数 - 当年注销基金会数。

倍。这是因为自 2004 年《条例》将基金会划分为公募基金会和非公募基金会以来，我国非公募基金会得到了飞速发展。有条件、有能力的个人、企业和单位，可以按照自己的意愿成立非公募基金会，极大地调动了各社会主体投身公益事业的热情。另外，登记管理机关还出台了一系列法规、政策和保障措施，鼓励非公募基金会健康发展，非公募基金会异军突起、快速成长，成为我国基金会发展进程中的一个新特点。

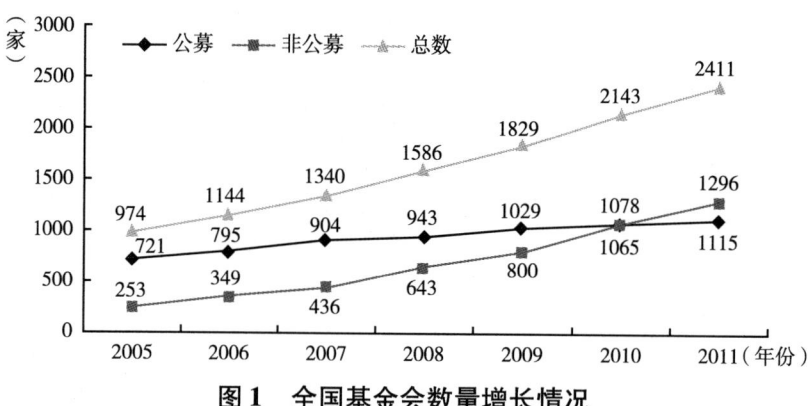

图 1　全国基金会数量增长情况

需要说明的是，公募基金会和非公募基金会的区别在于是否面向公众公开募捐，公募基金会有公开募捐资格，非公募基金会则没有。除是否有公募资格外，公募基金会与非公募基金会在项目运作、行政管理等方面均没有太大区别，具有很高的相似性。

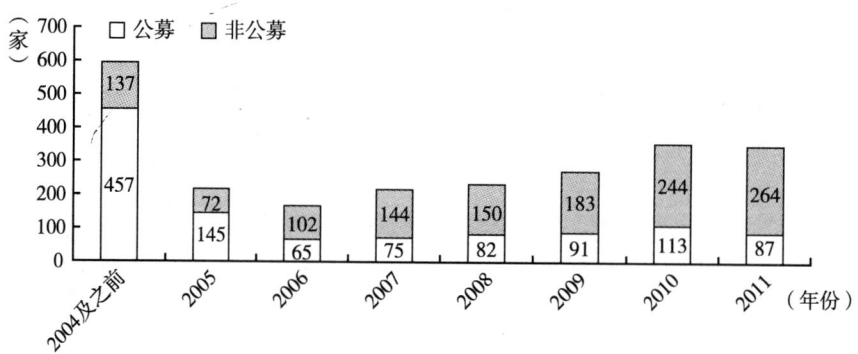

图 2　近年来新增基金会数量

2004年《条例》的出台是基金会管理制度的一次重大改革,《条例》将基金会划分为公募基金会和非公募基金会,允许企业、个人发起成立非公募基金会,并且将基金会从社会团体中区分出来,制定了比较翔实的制度规范,极大地促进了我国基金会的发展,使得2004年成为基金会行业的分水岭。表2以2004年为界,来探讨我国基金会的变化和发展。

表2 2004年前后基金会成立情况对比

单位:家,%

时间	公募	百分比	非公募	百分比	总数	百分比
2004年及之前	457	40.99	137	10.57	594	24.64
2005~2011年	658	59.01	1159	89.43	1817	75.36
总 数	1115	100.00	1296	100.00	2411	100.00

从1981年我国第一家基金会成立到2004年底,成立并在2004年换证登记的基金会共594家,占目前全部基金会数量的近1/4。其中公募基金会457家,占全部公募基金会的40.99%;非公募基金会137家,占全部非公募基金会的10.57%[1]。

2005~2011年间,成立并且现在仍然活动的基金会共1817家,占全部基金会的3/4左右,也就是说大部分的基金会都是2005年以后成立的,基本处于发展的起步期。其中公募基金会658家,占全部公募基金会的59.01%;非公募基金会1159家,占全部非公募基金会的89.43%。

由此可见,自从2004年《条例》出台以来,我国基金会数量高速增长,仅用7年时间,远远超过了之前24年内成立的基金会数量。尤其是非公募基金会快速增长,近九成是在2004年以后成立的,成为社会公益领域的重要组成力量。当然,这不仅得益于《条例》为其营造

---

[1] 2004年之前没有公募基金会与非公募基金会之分。《条例》出台后要求基金会重新换证登记,将原先的基金会进行了区分。

的良好政策氛围，更得益于我国经济的发展和公民公益意识的觉醒。

2. 全国基金会地区分布状况

中国基金会发展存在着地区上的差异。由表3可见，我国基金会数量排名前五位的省份（部门）为江苏省、广东省、浙江省、北京市和民政部①，占全国基金会总数近一半。基金会数量过百的地区还有湖南省、福建省和上海市。排名在后五位的是贵州、海南、青海、西藏和新疆生产建设兵团，基金会数均在20家以下。

表3 全国基金会地区分布情况

单位：家

省份(部门)	公募	非公募	合计	省份(部门)	公募	非公募	合计
江 苏	161	215	376	云 南	31	9	40
广 东	90	135	225	重 庆	21	12	33
浙 江	119	96	215	安 徽	12	18	30
北 京	36	141	177	河 北	8	21	29
民政部	87	72	159	江 西	12	16	28
湖 南	85	41	126	山 西	11	16	27
福 建	20	98	118	宁 夏	19	7	26
上 海	46	70	116	广 西	13	10	23
四 川	54	26	80	新 疆	15	5	20
内蒙古	32	39	71	甘 肃	16	4	20
山 东	30	34	64	贵 州	16	1	17
陕 西	23	36	59	海 南	4	11	15
河 南	27	29	56	青 海	9	5	14
湖 北	17	34	51	西 藏	6	2	8
吉 林	21	29	50	新疆生产建设兵团	1	1	2
黑龙江	28	20	48				
辽 宁	29	16	45				
天 津	16	27	43	合计	1115	1296	2411

---

① "省份（部门）"中的"省份"是指省份中的登记管理机关所在地。民政部住所地在北京，但属于国务院，也直接受理基金会登记，故称"部门"。民政部登记的基金会住所地主要在北京，但也有少数在其他省市。

我国基金会数量与各地经济发展水平关系密切。多数基金会分布在东部地区①，中部次之，西部最少，且一般情况下，经济越发达的地区，基金会数量和规模越大。基金会数量超过100家的8个地区和部门中，大部分属东部地区。中部地区基金会数量为30～80家，西部地区则大多在20家以下，以公募基金会为主，且大都是《条例》颁布之前成立的。从表4进一步看出，东部有基金会1582家，占全国基金会的65.62%；中部地区基金会416家，所占比例17.25%；西部地区基金会413家，所占比例17.13%。

表4 全国基金会地区分布状况

单位：家，%

地区	公募	百分比	非公募	百分比	合计	百分比
东部	646	57.94	936	72.22	1582	65.62
中部	213	19.10	203	15.66	416	17.25
西部	256	22.96	157	12.11	413	17.13
合计	1115	100.00	1296	100.00	2411	100.00

由表3、表4可见，地区分布不均衡不仅体现在基金会数量上，还体现在基金会类型的分布上。江苏、广东、北京、福建、上海等基金会数量较多的地区，非公募基金会多于公募基金会。中部地区较为平衡，公募基金会和非公募基金会分布差距不突出。西部地区如四川、新疆、西藏、青海、甘肃等省区，公募基金会数量均多于非公募

---

① 中国区域划分标准：根据地域和经济发展水平，中国31个行政区域分为东、中、西三个地区，东部地区包括北京、天津、河北、辽宁、上海、江苏、浙江、福建、山东、广东和海南11个省（市）；中部地区有8个省级行政区，分别是山西、吉林、黑龙江、安徽、江西、河南、湖北和湖南；西部地区有12个省级行政区，分别是四川、重庆、贵州、云南、西藏、陕西、甘肃、青海、宁夏、新疆、广西和内蒙古。而民政部登记的基金会地址多数在东部，故将其列入东部地区。

基金会。

另外，各地区基金会的类型也与当地的具体政策、社会的活跃程度、地区发展倾向、文化传统、经济实力等因素有一定的关系。同样，基金会数量超过100家的几个地区（部门），大致可以分为非公募基金会远多于公募基金会（北京、福建），非公募基金会略多于公募基金会（江苏、广东、上海），非公募基金会少于公募基金会（浙江、民政部、湖南）三类（见图3）。其中民政部登记的基金会很多是2004年之前成立的规模较大的全国性公募基金会，而在民政部登记的非公募基金会具有较高的资金门槛，故整体上公募基金会略多于非公募基金会。

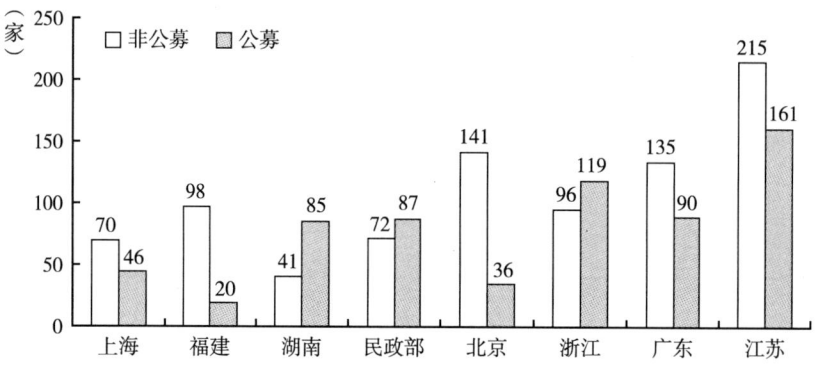

图3 基金会数量在100家以上的地区（部门）的基金会类型

3. 2011年新成立基金会数

2011年全国新成立基金会351家，其中公募基金会87家，非公募基金会264家，二者比例约为1∶3。由表5可见，排名前三名的省份新成立的基金会数量达145家之多，占总数的40%以上，这些省份也是基金会数量较多、经济较发达的地区。新成立基金会数量多于10家的还有北京、民政部、福建等8个地区和部门。新疆生产建设兵团和西藏2011年没有成立基金会。

表5　2011年全国新成立基金会情况

单位：家

省份(部门)	公募	非公募	合计	省份(部门)	公募	非公募	合计
江　苏	27	39	66	山　东	0	5	5
广　东	2	42	44	山　西	0	5	5
浙　江	9	26	35	上　海	0	5	5
北　京	2	27	29	四　川	3	2	5
民政部	2	12	14	重　庆	1	4	5
福　建	2	12	14	湖　北	0	4	4
吉　林	4	10	14	青　海	3	1	4
陕　西	4	10	14	安　徽	0	3	3
河　南	2	9	11	甘　肃	3	0	3
内蒙古	1	10	11	辽　宁	1	2	3
湖　南	5	5	10	新　疆	1	2	3
河　北	1	7	8	贵　州	2	0	2
黑龙江	2	6	8	海　南	0	2	2
宁　夏	4	4	8	天　津	0	2	2
江　西	1	6	7	广　西	1	0	1
云　南	4	2	6	合　计	87	264	351

二　全国基金会资产状况

1. 全国基金会原始基金数

（1）原始基金总量情况

原始基金数额是反映基金会实力的重要指标之一，它和基金会年末总资产共同反映出基金会的资产规模和发展状况。

2011年我国基金会原始基金数额总量为183.04亿元，比2010年增长17.93%。平均每家基金会原始基金数额为759.51万元，比2010年增长4.33%。原始基金数额总数增长，而均值基本保持不变，原因是2011年新成立的基金会数量较多，且新成立的基金会中70%左右的原始基金数额在400万元及以下，从而使基金会原始基金数额均值整体增长缓慢。

由表6可见,全国基金会原始基金数额分布在0～200万元(含200万元)[1]及200万～400万元(含400万元)的基金会分别占基金会总数的1/3左右,即基金会原始基金数额在400万元及以下的基金会是主体。这与《条例》规定有关,地方性公募基金会原始基金数额不得低于400万元,地方性非公募基金会原始基金数不得低于200万元[2],这是对基金会作为独立的资金法人的基本要求,而大多数地方性基金会原始基金数额刚刚跨过"门槛"。原始基金数额在2000万元以上的基金会只有104家,仅占基金会总数的4.31%。由此可见,我国基金会原始基金数额普遍偏低。一方面,基金会登记的原始基金数额门槛降低,可以吸纳大批公益人士成立基金会,促进公益事业发展;另一方面,原始基金仅是基金会开展社会公益活动的基本底线,发展较好的基金会其资产、收入、支出可能是原始基金的几倍甚至是数十倍,所以原始基金数额大的基金会其资产规模一般比较大,而资产规模大的基金会,其原始基金并不一定多。

表6　全国基金会按原始基金数额分类情况

原始基金数额(万元)	数量(家)	百分比(%)	累计百分比(%)
[0,200]	777	32.23	32.23
(200,400]	907	37.62	69.85
(400,600]	318	13.19	83.04
(600,1000]	195	8.09	91.13
(1000,2000]	109	4.52	95.65
2000以上	104	4.31	99.96
缺失	1	0.04	100.00
合计	2411	100.00	100.00

---

[1] 大部分基金会满足公募基金会原始基金最低为400万元、非公募基金会原始基金最低为200万元的要求,极少部分在2004年之前登记的基金会原始基金低于200万元。
[2] 《条例》出台以前成立的基金会原始基金数额可能达不到此规定的标准,但是以后的基金会必须按《条例》规定的原始基金数额进行登记成立。

对比 2004 年前后不同类型基金会的原始基金情况我们可以看到，2004 年之前成立的基金会中，公募基金会原始基金平均值最大，达到 1172.40 万元，远大于非公募基金会原始基金平均值，前者为后者的近 2 倍；而 2004 年之后成立的基金会则相反，非公募基金会的原始基金平均值大于公募基金会原始基金平均值（见表 7、图 4）。2004 年之前成立的公募基金会中很多具有一定的政府背景，且运作相对规范，有一定的募款优势，如各地的慈善会、儿童慈善类基金会等，所以原始基金平均值较大。而 2004 年之后成立的非公募基金会，尤其是近一两年来一些企业成立的非公募基金会原始基金数额较高，有一些超过 1 亿元（见表 8），拉高了非公募基金会的平均原始基金数额，给基金会领域注入更多的公益资金。

表 7　2004 年前后成立的基金会原始基金

年份	公募			非公募			合计		
	数量（家）	总额（万元）	平均值（万元）	数量（家）	总额（万元）	平均值（万元）	数量（家）	总额（万元）	平均值（万元）
1981~2004	457	535788.2	1172.40	137	81771.5	596.87	594	617559.7	1039.66
2005~2011	657	388156.1	590.80	1159	824694.5	711.55	1816	1212850.6	667.87
合计	1114	923944.3	829.39	1296	906466.0	699.13	2410	1830410.3	759.51

注：存在一个缺失值。

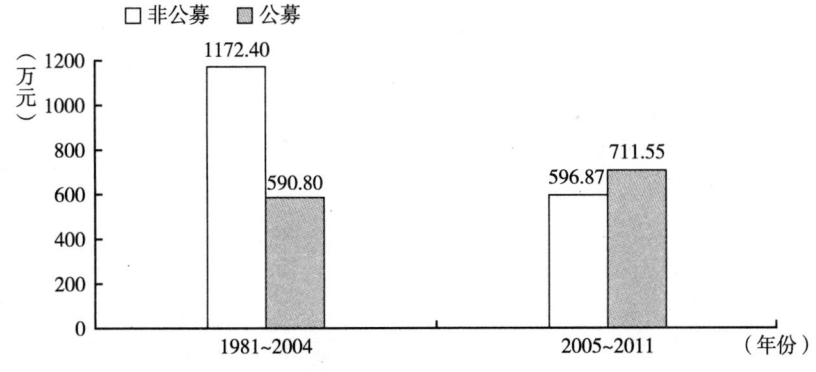

图 4　2004 年前后成立的基金会原始基金平均值对比

注：存在一个缺失值。

由表8可见，我国原始基金数过亿元的基金会名单，共有31家。其中，排在首位的是中国残疾人福利基金会，2亿元及以上的基金会共有8家。这31家基金会中，以民政部作为登记管理机关的有16家，所占比例过半。在民政部登记注册的基金会，由于登记门槛较高，同时全国性公募基金会和不冠以行政区划的非公募基金会只能在民政部注册，故而资金实力雄厚且占比较大。在省级民政部门登记的原始基金过亿元的基金会除陕西省的3家和湖南省的1家外，均分布在东部地区。31家基金会中公募基金会只有10家，非公募基金会有21家，说明非公募基金会不只在数量上飞速发展，在资金规模上也不断突破。

表8 原始基金数额过亿元名单

单位：万元

序号	名称	省份/部门	类型	成立时间	原始基金
1	中国残疾人福利基金会	民政部	公募	1984年	50621.00
2	陕西省神木县民生慈善基金会	陕西	非公募	2011年	50000.00
3	上海市慈善基金会	上海	公募	1994年	46000.00
4	中国和平发展基金会	民政部	非公募	2011年	30100.00
5	中国青年创业就业基金会	民政部	公募	2006年	24000.00
6	泛海公益基金会	民政部	非公募	2010年	20000.00
7	神华公益基金会	民政部	非公募	2010年	20000.00
8	华民慈善基金会	民政部	非公募	2008年	20000.00
9	陕西省府谷县城乡居民大病医疗救助基金会	陕西	非公募	2010年	17600.00
10	广州市教育基金会	广东	公募	2000年	17378.00
11	陕西省府谷县教育基金会	陕西	非公募	2010年	16000.00
12	上海市教育发展基金会	上海	公募	1994年	14400.00
13	广州市番禺区教育基金会	广东	公募	1991年	13040.00
14	广东省见义勇为基金会	广东	公募	1993年	12527.00
15	上海公安金盾基金会	上海	公募	2010年	11000.00
16	佛山市顺德区教育基金会	广东	公募	2004年	10653.00
17	安利公益基金会	民政部	非公募	2011年	10000.00
18	中科院研究生教育基金会	民政部	非公募	2009年	10000.00
19	中国移动慈善基金会	民政部	非公募	2009年	10000.00

续表

序号	名称	省份/部门	类型	成立时间	原始基金
20	国家电网公益基金会	民政部	非公募	2009	10000.00
21	慈济慈善事业基金会	民政部	非公募	2008	10000.00
22	天诺慈善基金会	民政部	非公募	2008	10000.00
23	桃源居公益事业发展基金会	民政部	非公募	2008	10000.00
24	四川美丰教育基金会	民政部	非公募	2008	10000.00
25	南都公益基金会	民政部	非公募	2007	10000.00
26	中远慈善基金会	民政部	非公募	2005	10000.00
27	福建新华都慈善基金会	福建	非公募	2009	10000.00
28	江苏海澜教育发展基金会	江苏	非公募	2008	10000.00
29	上海工商界爱国建设特种基金会	上海	非公募	1993	10000.00
30	宁波鄞州银行公益基金会	浙江	非公募	2011	10000.00
31	长沙市慈善基金会	湖南	公募	2011	10000.00

（2）原始基金地区分布情况

与基金会数量分布情况类似，基金会原始基金也有地域差异。由表9可见，原始基金总数在10亿元以上的地区和部门是民政部、江苏省、广东省、上海市、陕西省和浙江省。其中，民政部登记的基金会原始基金数额总量和均值都排名第一，这同样与《条例》的规定有关。在民政部登记注册的公募基金会原始基金至少在800万元以上，而非公募基金会原始基金至少在2000万元以上，事实上，近年来在民政部登记成立的非公募基金会，原始基金一般都在5000万元以上。另外，与2010年相比，陕西和浙江的基金会飞速发展，原始基金数额也跻身于10亿元行列。浙江2011年新成立的基金会数量较多，使得原始基金数额的规模也随之迅速增加。陕西有一些特殊性，由于2011年新成立的陕西省神木县民生慈善基金会注册原始基金5亿元，将陕西省基金会的原始基金总额推入10亿元行列。

表9 全国基金会原始基金总量

单位：万元

省份(部门)	总数	平均值	类型	
			公募	非公募
民政部	524668.96	3299.80	183231.00	341437.96
江苏	207578.82	552.07	87933.82	119645.00
广东	188941.00	839.74	145342.00	43599.00
上海	177190.00	1527.50	129670.00	47520.00
陕西	107879.00	1828.46	13044.00	94835.00
浙江	105075.00	488.72	54480.00	50595.00
湖南	78348.61	621.81	65053.01	13295.60
北京	60573.00	342.23	17918.00	42655.00
福建	56842.36	481.71	12060.00	44782.36
四川	33978.00	424.73	26055.00	7923.00
黑龙江	26784.00	558.00	15630.00	11154.00
内蒙古	25502.00	359.18	12700.00	12802.00
山东	21881.00	341.89	13905.00	7976.00
湖北	20929.05	410.37	12855.00	8074.05
河南	18643.00	332.91	11343.00	7300.00
吉林	16722.99	334.46	9772.99	6950.00
辽宁	16392.54	372.56	12507.54	3885.00
云南	15531.19	388.28	13431.19	2100.00
天津	15527.00	361.09	9610.00	5917.00
重庆	13523.00	409.79	10097.00	3426.00
山西	12183.00	451.22	7304.00	4879.00
安徽	11062.64	368.75	7002.64	4060.00
宁夏	9880.00	380.00	7680.00	2200.00
贵州	9400.00	552.94	9200.00	200.00
广西	9289.00	403.87	6373.00	2916.00
甘肃	9150.00	457.50	8150.00	1000.00
河北	8782.00	302.82	3300.00	5482.00
江西	7923.00	282.96	4603.00	3320.00
新疆	7000.00	350.00	6000.00	1000.00
海南	5457.00	363.80	1500.00	3957.00
青海	4510.00	322.14	3530.00	980.00
西藏	2663.16	332.90	2263.16	400.00
新疆兵团	600.00	300.00	400.00	200.00
合计	1830410.32	759.51	923944.35	906465.97

注：该表格数据来源于各地登记管理机关填报的基金会基本情况表，存在1个缺失值。

基金会原始基金数额平均值超过1000万元的只有民政部、陕西省和上海市三个地区和部门，这说明虽然我国基金会数量在逐年猛增，但是基金会的原始基金规模没有在整体上实现质的突破，有待进一步提高。从全国来看，公募基金会和非公募基金会的原始基金总数基本相等，公募基金会稍高一些。

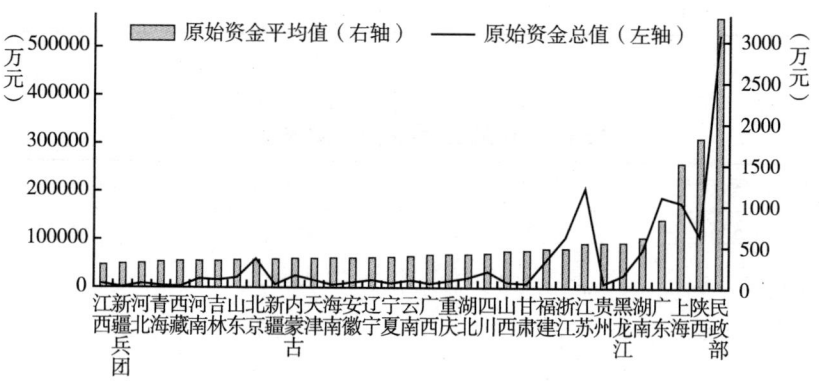

图5 各省原始基金总值与平均值比较

注：存在一个缺失值。

（3）新成立基金会原始基金数

2011年全国新成立基金会351家，其原始基金总额约达到27.11亿元，平均每家新成立的基金会原始基金为772.41万元，基本与全部基金会原始基金平均值持平（见表10）。新成立的基金会中，公募基金会原始基金总额约为5.01亿元，平均每家基金会为575.66万元；非公募基金会原始基金总额约达22.10亿元，平均每家基金会为837.25万元。可以看出，公募基金会原始基金总额远少于非公募基金会，再一次例证了非公募基金会蓬勃发展的现状。

由表11可见，2011年新成立的基金会与以往的基金会相似，原始基金数额仍集中在0～400万元，所占比例为71.22%。原始基金数额2000万元以上的仅有10家，占2.85%。

表10　新成立基金会原始基金情况

单位：万元

类型	总额	平均额
公募	50081.99	575.66
非公募	221035.30	837.25
合计	271117.30	772.41

表11　新成立基金会原始基金分布

原始基金数额（万元）	数量（家）	百分比（%）	累计百分比（%）
[0,200]	150	42.73	42.73
(200,400]	100	28.49	71.22
(400,600]	61	17.38	88.60
(600,1000]	18	5.13	93.73
(1000,2000]	12	3.42	97.15
2000以上	10	2.85	100.00
合计	351	100.00	100.00

2. 全国基金会年末总资产

（1）基金会年末总资产情况

截止到2011年底，中国基金会资产总额为784.90亿元人民币，比上年增长29.91%，其中公募基金会总资产有446.01亿元，占总额的56.82%，非公募基金会资产有338.89亿元，占总额的43.18%。平均每家基金会年末总资产有3295.12万元，比上年增长12.95%。因为2011年新成立的基金会数量较多，且新成立的基金会中70%的原始基金数额在400万元及以下，成立年度注资较少，所以基金会年末总资产均值整体提升幅度不大。相对于原始基金数，我国基金会年末总资产总量要大得多，是原始基金数的4.29倍，基金会年末总资产相较原始基金数的扩大倍数是判断基金会活跃程度的指标之一。

这些资产是通过企业、政府、个人及其他社会组织等进入社会公益领域的重要资源。但不管来源于哪一种主体的捐赠，它们都进入了"公益"范畴中，不管其以何种方式进行传递，它们的公益性质在传递过程中均不能发生改变。

由图6可见，在基金会年末总资产分布情况中，公募基金会资产在500万~1000万元的居多，其次是500万元以下和1000万~2000万元的基金会，这三类基金会占公募基金会总数的68.71%，资产在1亿元以上的公募基金会共有73家，最多的为河南省宋庆龄基金会，资产超过30亿元。相比之下，非公募基金会的资产规模较小，主要集中在500万元以下，占非公募基金会总数的53.53%。其分布规律是随着资产规模的增多，非公募基金会数量逐渐减少。资产规模上亿元的非公募基金会比公募基金会略少，一共67家，其中最多的为新成立的河仁慈善基金会。

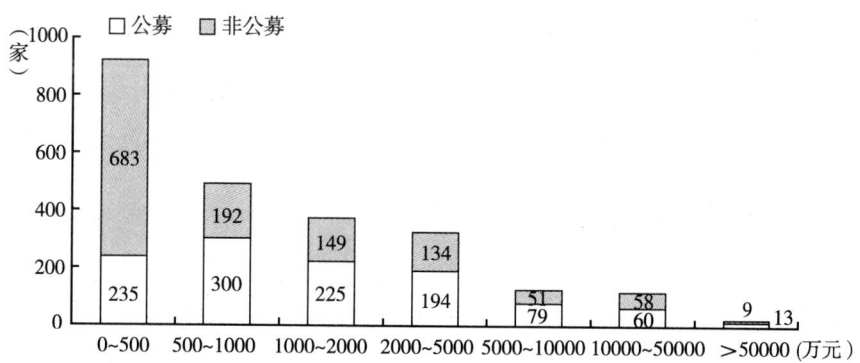

图6 基金会年末总资产分布情况

注：有29个缺失值。

由于2004年是基金会发展的分水岭，我们从基金会资产状况角度再次对其进行分析。由表12可见，2004年之前成立的基金会年末总资产总额虽然低于2004年之后成立的基金会,但是平均值却是2005~2011年成立基金会的3倍左右。这说明了两点:一是成立时间较早的基金会其资产规模相对较大;二是《条例》将登记时的原始基金数额门槛降低,极大地促进了基金会数量的增长。

表12 2004年前后成立基金会的资产状况

年份	公募			非公募			合计		
	数量（家）	总额（万元）	平均值（万元）	数量（家）	总额（万元）	平均值（万元）	数量（家）	总额（万元）	平均值（万元）
1981~2004	456	3194887	7006.33	137	655094	4781.71	593	3849981	6492.38
2005~2011	650	1265177	1946.43	1139	2733822	2400.20	1789	3998999	2235.33
合计	1106	4460064	4032.61	1276	3388916	2655.89	2382	7848980	3295.12

注：存在29个缺失值，缺失值多为2011年底新成立的基金会。

图7进一步细化了2004年前后公募、非公募基金会的资产平均值情况,整体上都是公募基金会资产大于非公募基金会资产,其中2004年之前成立的公募基金会平均资产规模较为庞大,超过7000万元,2004年之后成立的公募基金会资产规模减少到5000万元以下。而非公募基金会则相反,2004年之后成立的非公募基金会平均资产约为2400万元,高于2004年之前成立的非公募基金会,再加上其数量上的优势,所以整体上还是2004年之后成立的非公募基金会在资产规模方面占据了非公募基金会领域绝对主导地位。另外,从资产总额来看,2004年之前成立的公募基金会资产总额达到了319.49亿元,数量最大,2004年之后的非公募基金会资产总额次之,达到了273.38亿元,两者之和近600亿元,占了总量的3/4左右。

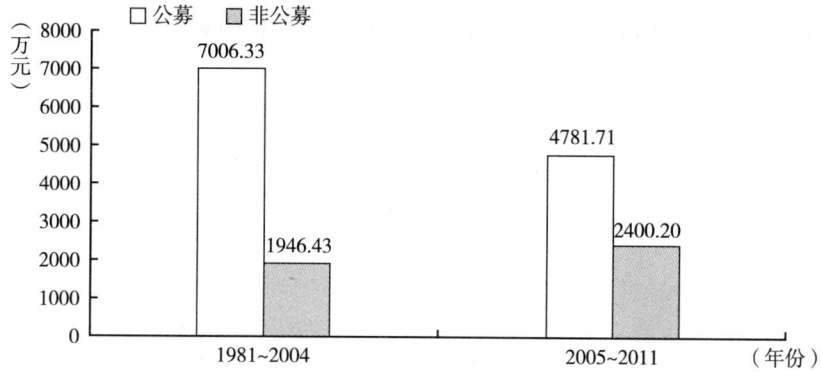

图 7　2004 年前后新成立基金会的资产状况平均值对比

注：存在 29 个缺失值，缺失值多为 2011 年底新成立的基金会。

由表 13 可见，在我国 2011 年年末总资产超过 5 亿元的基金会中，登记管理机关为民政部的基金会有 5 家，占 50%。同原始基金数过亿元的基金会中，在民政部登记的基金会占多数的原因一样，在民政部登记的基金会原始基金数门槛较高，故而这些基金会资产雄厚，相应的年末总资产也高。在这 10 家年末总资产超过 5 亿元的基金会中，公募基金会和非公募基金会各 5 家，分配较为均匀。其中公募基金会资产规模较大的主要是全国性大型公募基金会、各地的慈善会、扶贫救济类基金会，非公募基金会资产规模较大的主要是高校成立的基金会和企业基金会。

(2) 基金会年末总资产地区分布情况

由表 14 可见，我国基金会 2011 年年末总资产排在首位的是民政部登记的基金会，总数约达 261.16 亿元，均值约 1.64 亿元，两项均远远超过地方 2011 年年末各省（市、自治区）登记的基金会。基金会年末总资产超过 15 亿元的还有江苏省、上海市、广东省、浙江省、河南省、北京市、福建省、陕西省、内蒙古自治区、湖南省、四川省。基金会年末总资产总数没有突破亿元大关的有青海省、西藏自治区和新疆生产建设兵团，均属于西部地区。

表13 2011年年末总资产超过5亿元的基金会

单位：万元

序号	名　称	省份（部门）	类型	成立年份	年末资产
1	河南省宋庆龄基金会	河南	公募	1992	307911.91
2	中华慈善总会	民政部	公募	1994	274367.00
3	河仁慈善基金会	民政部	非公募	2010	237112.15
4	清华大学教育基金会	民政部	非公募	1994	213989.80
5	上海市慈善基金会	上海	公募	1994	173675.37
6	北京大学教育基金会	民政部	非公募	1995	148861.20
7	陕西省神木县民生慈善基金会	陕西	非公募	2011	122703.65
8	东莞市医疗救济基金会	广东	公募	1996	119876.00
9	中国扶贫基金会	民政部	公募	1989	107266.77
10	老牛基金会	内蒙古	非公募	2007	100000.00
11	中国教育发展基金会	民政部	公募	2003	98641.21
12	神华公益基金会	民政部	非公募	2010	82482.07
13	浙江大学教育基金会	民政部	非公募	2006	80629.57
14	中国残疾人福利基金会	民政部	公募	1984	76158.91
15	中华全国体育基金会	民政部	公募	1994	74844.17
16	上海市大学生科技创业基金会	上海	公募	2006	71078.27
17	上海交通大学教育发展基金会	上海	非公募	2005	65143.27
18	南京大学教育发展基金会	江苏	非公募	2005	64203.19
19	中国红十字基金会	民政部	公募	1994	64147.25
20	上海市拥军优属基金会	上海	公募	1995	62238.33
21	中国青少年发展基金会	民政部	公募	1989	61517.34
22	上海宋庆龄基金会	上海	公募	1993	50563.19

表14 全国基金会2011年年末总资产

单位：万元

省份（部门）	总数	平均值	类型 公募	类型 非公募
民政部	2611561.14	16424.91	1371841.84	1239719.31
江苏	922722.99	2454.05	313203.87	609519.12
上海	889233.58	7665.81	631175.65	258057.93
广东	686895.00	3136.51	537715.00	149180.00
浙江	373075.54	1735.24	258894.20	114181.34
河南	355830.37	6354.11	338016.80	17813.57
北京	265778.25	1518.73	72675.61	193102.64
福建	241354.88	2098.74	61604.78	179750.10
陕西	228601.43	4233.36	38371.07	190230.36
内蒙古	163925.60	2308.81	47076.70	116848.90
湖南	157560.25	1250.48	128494.40	29065.85
四川	153904.44	1923.81	127152.62	26751.82
天津	96446.59	2242.94	57912.11	38534.48
山东	81201.33	1268.77	49945.86	31255.47
湖北	79604.36	1560.87	39905.66	39698.70
黑龙江	64548.25	1467.01	46831.48	17716.77
吉林	52690.28	1053.81	35212.52	17477.76
安徽	52332.19	1744.41	35002.02	17330.17
重庆	49587.60	1502.65	35423.40	14164.20
云南	48260.81	1237.46	42441.01	5819.80
辽宁	47671.70	1059.37	41388.56	6283.14
广西	37312.08	1622.26	29141.42	8170.66
山西	35925.64	1496.90	18522.72	17402.92
江西	34870.31	1245.37	19316.29	15554.02
河北	27283.34	974.41	13290.74	13992.60
宁夏	20151.52	806.06	17572.87	2578.65
贵州	16187.17	952.19	15907.77	279.39
海南	16086.62	1072.44	3705.14	12381.48
新疆	12852.45	676.44	11935.36	917.09
甘肃	11539.88	641.10	9692.28	1847.60
青海	8733.28	623.81	7032.52	1700.76
西藏	4602.83	575.35	3458.68	1144.15
新疆兵团	647.99	324.00	203.00	444.99
合计	7848979.69	3295.12	4460063.95	3388915.74

注：数据来源于各地登记管理机关填报的基金会财务情况表，存在29个缺失值，缺失值大多为2011年新成立的基金会（24个）。

与原始基金数不同，全国公募基金会年末总资产要远高于非公募基金会年末总资产，相差100多亿元。这可能与一些大型的全国性公募基金会有关，这些公募基金会成立时间相对较长，资金经过积淀，规模较大，有的还接受财政支持和政府补贴，因而总资产较高。

（3）2011年新成立基金会资产情况

2011年新成立的351家基金会一共拥有43.52亿元的资产，平均每家基金会资产数额为1330.80万元，低于全国平均水平。其中公募基金会平均值仅为814.39万元，非公募基金会平均值为1495.30万元（见表15）。一般新成立的基金会刚刚起步，资产规模不大，其主要资产为流动资产，固定资产、受托代理资产等形式的资产较少或者是几乎没有。随着基金会的不断发展运作，它们会进行资产积累，同时增加其他形式的资产，机构的整体资产结构也会逐渐趋于合理。

表15　2011年新成立基金会资产情况

单位：万元

类型	总　数	平均数
公　募	64337.19	814.39
非公募	370834.40	1495.30
合　计	435171.59	1330.80

注：存在24个缺失值。

由表16可见，大部分新成立的基金会资产在500万元以下，这个比例占到当年成立数的64.53%，有近20%新成立基金会的资产规模在500万~1000万元。只有6家新成立的基金会资产达到了亿元以上，其中陕西省神木县民生慈善基金会资产达到了12.27亿元。此外，非公募基金会资产更多集中在500万元以下，公募基金会虽然也是同样的规律，但资产在500万~1000万元基金会的数量相对多些，达到了31.65%。

表16　全国基金会年末总资产

单位：万元，%

资产分布	公募		非公募		合计	
	数量	比例	数量	比例	数量	比例
[0,500]	41	51.90	170	68.55	211	64.53
(500,1000]	25	31.65	40	16.13	65	19.88
(1000,2000]	10	12.66	16	6.45	26	7.95
(2000,5000]	2	2.53	14	5.65	16	4.89
(5000,10000]	0	0.00	3	1.21	3	0.92
(10000,50000]	1	1.27	4	1.61	5	1.53
>50000	0	0.00	1	0.40	1	0.31
合计	79	100.00	248	100.00	327	100.00

一般情况下，资产越多，基金会当年的公益支出也会越多。对于非公募基金会，《条例》要求，"非公募基金会每年用于从事章程规定的公益事业支出，不得低于上一年基金余额的8%"；对于公募基金会，《条例》要求，"公募基金会每年用于从事章程规定的公益事业支出，不得低于上一年总收入的70%"。极少数处于"半休眠"状态的公募基金会，基本没有收入，虽然资产规模较大，但每年不需要进行大额的支出，最终造成一些资产规模庞大的基金会每年支出与其资产规模并不匹配的格局。

相反，有一些基金会，每年虽然没有存留下来额度很大的资产，但其年收入金额和支出金额都与资产金额相当。这类基金会充满了活力，且具备较大的发展潜力。

此外，还有一些基金会，在其成立之初因成立者个人或企业捐赠而拥有了大额资产，基金会每年通过对这些资产的增值运作获得收益来运作公益项目。这类基金会与上述"资产与每年收支相当"的基

金会呈现的资产格局完全不同，但同样充满活力。

所以，在评价一家基金会时，不能只看一两个资产指标或收支指标，而要整体性地关注基金会运作的各个方面，进而分析其运作是否合理。

三 全国基金会收入情况

1. 2011年全国基金会收入总额

2011年全国基金会收入总额①为447.11亿元，其中公募基金会总收入为248.79亿元，非公募基金会总收入为198.32亿元。基金会收入同比增长19.54%，由于部分新成立的基金会在会计核算时会将原始基金计入当年收入，所以总额的增长幅度较大，平均每家基金会年收入约1869.99万元，同比增长7.10%。有125家基金会收入为0，它们多为2011年新成立的，也有部分成立时间较久但活跃程度很低的基金会。

由图8可见，很大一部分基金会的收入并不高，主要集中在1000万元以内（1557家），收入在500万元以内的基金会数量甚至达到864家，占总数的36.14%，其中非公募基金会544家，公募基金会320家。年收入在亿元以上的基金会较少，其中公募基金会24家，非公募基金会29家，其规律与年末净资产分布规律类似，这些基金会主要是全国性公募基金会、高校成立的基金会及企业基金会等。

其中，公募基金会收入总额约为248.79亿元，占全国总额的55.64%（见图9），相较非公募基金会收入总额高出11.28个百

---

① 基金会收入包括捐赠收入、提供服务（商品销售）收入、政府补助、投资收益、其他收入等，其中捐赠收入一般在基金会收入中占主导。

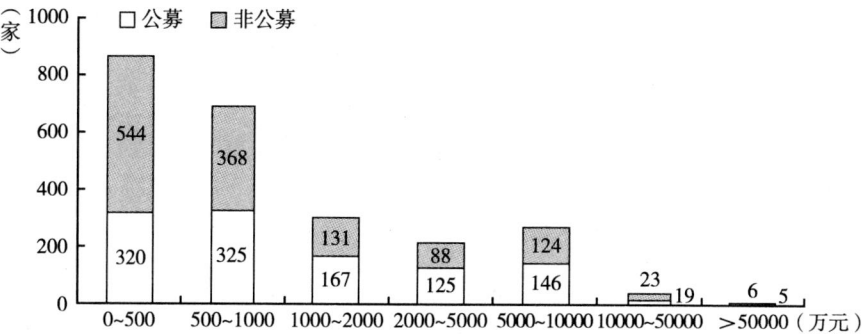

图 8　基金会收入分布情况

注：存在 20 个缺失值。

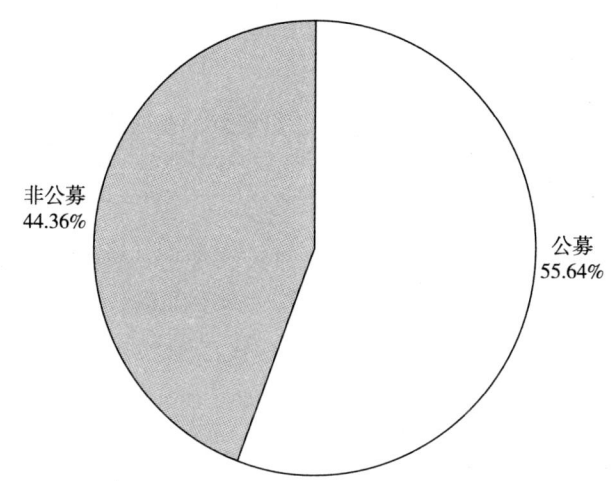

图 9　2011 年公募与非公募基金会收入总额比例分布

注：存在 20 个缺失值。

分点，平均每家公募基金会收入为 2247.44 万元，也高于非公募基金会。非公募基金会的收入总额为 198.32 亿元，平均每家基金会 1544.58 万元。整体上，公募基金会的收入总额和平均值都大于非公募基金会。可见，虽然非公募基金会数量上超过了公募基金会，但公募基金会的收入仍占了半数以上的比例。公募基金会普遍成立时间较长、规模较大且具有更广泛的资金来源，部分基金会还有政府的财政补助支持以及在特殊时期为某一事件集中募捐的排他性资格，因而无论在资金的基数和收入的额度上都具有一定优势。

这里进一步将基金会按照成立时间段进行分类，可以看出区别。由表17可见，整体上，2004年之前成立的基金会收入较高，平均值达到3640.30万元，是2004年之后成立的基金会的2.83倍。而其中2004年之前成立的公募基金会平均收入最高，达到了4142.30万元，远高于2004年之后成立的公募基金会（915.20万元）。而非公募基金会在2004年前后则没有如此明显的差别。

表17　基金会2004年前后成立的基金会收入

单位：家，万元

年份	公募			非公募			合计		
	数量	总额	平均值	数量	总额	平均值	数量	总额	平均值
1981~2004	457	1893033	4142.30	137	269306	1965.74	594	2162339	3640.30
2005~2011	650	594881	915.20	1147	1713934	1494.28	1797	2308814	1284.82
合计	1107	2487913	2247.44	1284	1983240	1544.58	2391	4471153	1869.99

注：存在20个缺失值。

民政部登记的基金会总收入约为222.75亿元，占全国基金会总收入的近50%。由图10可见，除民政部登记的基金会外，基金会的收入总额超过10亿元的省份依次为江苏省（约45.44亿元）、上海市（约29.13亿元）、浙江省（约24.68亿元）、广东省（约17.18亿元）、陕西省（约17.15亿元）和北京市（约14.48亿元），东部居多，西部相对较少，与基金会数量分布的规律类似。总的来说，基金会收入情况持续增长，无论是从资金数额还是分布状况来看，都进入了相对稳定的阶段。

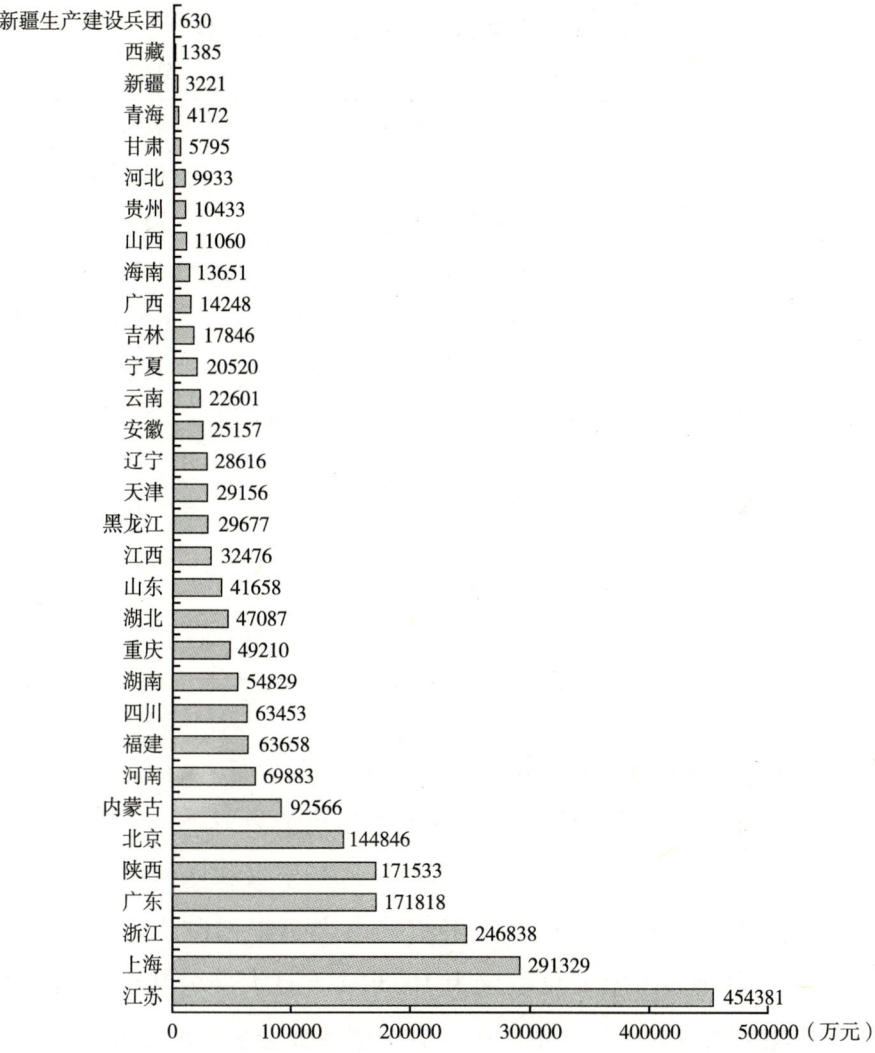

图 10 2011 年全国各地基金会总收入分布

注：存在 20 个缺失值。除民政部登记的基金会外，各省市登记的基金会总收入占全国基金会收入总额的比例约为 50%，由于民政部注册登记的基金会收入金额较大，影响分布图的呈现，故单独说明。

由表 18 可见，收入总额前 10 位的基金会的收入总和占全部基金会总收入的 38.71%，这个比例并不低。

表18 2011年收入总额前10位的基金会

单位：万元

排序	基金会名称	收入总额
1	中华慈善总会	653161.18
2	河仁慈善基金会	351510.46
3	陕西省神木县民生慈善基金会	122703.65
4	中国教育发展基金会	120090.77
5	清华大学教育基金会	113437.08
6	神华公益基金会	83720.94
7	上海市慈善基金会	80998.13
8	老牛基金会	71902.00
9	中国癌症基金会	71141.91
10	北京大学教育基金会	62279.19
总额		1730945.31

2. 2011年全国基金会各类收入情况

基金会的收入主要包括捐赠收入、提供服务收入、政府补助收入、投资收益和其他收入，其中捐赠收入是主要收入来源。从2011年的数据来看，基金会的绝大多数收入来自捐赠收入，比例约为89.61%，其他各项收入总额仅为10.39%，且大部分基金会很少有或没有除捐赠收入外的其他收入。有个别基金会主要是慈善会，存在会费收入。因为慈善会具有特殊性，一般是按照社会团体登记，按基金会管理，有的仍然收取会费①。

由图11可见，在2011年国内基金会的收入格局中，捐赠收入占据绝对主导的位置。在提供服务、政府补助、投资收益三类收入中，每种收入都有2000家左右甚至90%的基金会不存在该类别的收入

---

① 会费收入理论上不纳入基金会收入类型，且收入金额极小，不影响总体结果，故未计算。

（见表19）。这说明，我国的基金会目前主要依靠公益项目这样的产品来获得社会捐赠，并主要通过捐赠而来的资金进行运作。

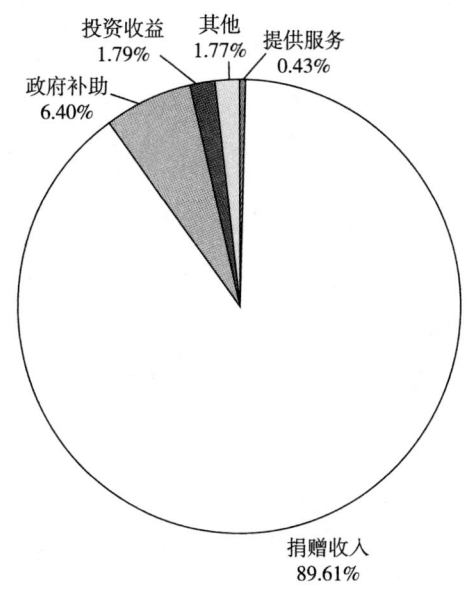

图11 2011年基金会各类收入总额比例分布

注：存在20个缺失值。

表19 基金会各类收入情况

单位：万元，%

类 别	金 额	占 比	平均数	备 注
捐赠收入	4006709.46	89.61	1675.75	446家为0
提供服务	19268.50	0.43	8.06	2298家为0
政府补助	286066.99	6.40	119.64	2015家为0
投资收益	79863.74	1.79	33.40	1805家为0
其 他	79244.55	1.77	33.14	515家为0
总 收 入	4471153.24	100.00	1869.99	125家为0

注：存在20个缺失值。

下面对基金会最主要的三大类收入进行分析。

（1）基金会捐赠收入

2011年全国基金会捐赠收入总额为400.67亿元，其中捐赠收入最高的是中华慈善总会，金额达65.18亿元，占该基金会当年总收入的99.8%。捐赠收入排名前10位的基金会中，民政部登记注册的有7家，10家基金会捐赠收入之和为160.70亿元，占全国基金会捐赠收入总额的40.11%。其中排名第五的陕西省神木县民生慈善基金会是2011年新成立的，原始基金数额为5亿元，也计入了当年捐赠收入（见表20）。2011年无捐赠收入的基金会有446家，其中多为2011年新成立的基金会，还未开展项目和接收捐赠。对于极少数基金会来说，除捐赠收入外的其他收入也可能占主导，这与国内基金会行业发展不成熟的现状相关，也与基金会关注的领域有关，一些"雪中送炭"的领域，如儿童救助、扶贫等更容易获得公众关注，而如文化艺术类的基金会在筹款上可能相对困难。

表20 2011年捐赠收入前10位的基金会

单位：万元

排序	基金会名称	捐赠收入
1	中华慈善总会	651829.51
2	河仁慈善基金会	354900.00
3	清华大学教育基金会	104701.14
4	神华公益基金会	82483.90
5	陕西省神木县民生慈善基金会	80643.01
6	上海市慈善基金会	73479.11
7	老牛基金会	71298.00
8	中国癌症基金会	69181.91
9	北京大学教育基金会	61819.46
10	中国光华科技基金会	56665.92
总 额		1607001.96

从各省份的不同情况来看，捐赠收入最高达到98%以上，河南、江西、辽宁、青海、山西、宁夏、黑龙江7个省区和新疆生产建设兵团的捐赠收入比例均在95%以上，情况良好。捐赠收入最高的省份为江苏，达42.77亿元，比排名第二的上海高出约19.55亿元（见表21）。捐赠收入排名前10位的省份（部门）均在5亿元以上，总和达到358.00亿元，占全国捐赠收入总额的89.35%，说明全国基金会捐赠收入在各省份之间分布不均，东部地区要远远高于中部和西部地区。

表21 捐赠收入前10位的省份（部门）

单位：万元

排序	省份（部门）	捐赠收入
	民政部	2021241.28
1	江 苏	427727.88
2	上 海	232267.27
3	浙 江	231884.09
4	广 东	152497.00
5	北 京	128777.78
6	陕 西	124338.23
7	内蒙古	85052.42
8	河 南	68573.81
9	四 川	57557.43
10	福 建	50131.40
	总 额	3580049.59

（2）政府补助收入

政府补助收入总额为28.61亿元，约占基金会总收入的6.40%。2011年获得政府补助的基金会共计376家，大多数为公募基金会，通常通过政府拨款或政府购买服务的形式。获得100万元及以上政府补助的基金会有150家，1亿元以上的有5家，最高的是中国教育发展基金会，为8.28亿元（见表22）。

表22 政府补助收入前10位的基金会

单位：万元

排序	基金会名称	政府补助
1	中国教育发展基金会	82800.00
2	中国博士后科学基金会	46068.00
3	陕西省神木县民生慈善基金会	40000.00
4	上海市大学生科技创业基金会	15668.00
5	中国法律援助基金会	10186.12
6	中国文学艺术基金会	8000.00
7	上海文化发展基金会	7709.01
8	重庆大学教育基金会	6000.00
9	中国红十字基金会	4143.37
10	杭州市送温暖工程基金会	3000.00
总　额		223574.50

甘肃省、湖南省、陕西省、上海市、重庆市的政府补助收入占总收入的平均比例均在10%以上，最高达23.79%。多数省份分布在0~5%，其中6个省份的基金会政府补助收入占总收入1%以下（见表23）。2011年政府补助排名第一的陕西省主要是由于2011年新成立的陕西省神木县民生慈善基金会接受了政府补助4亿元，属于特殊值影响。除此之外，上海市市政府在资金上对基金会的支持力度较大，提供了总额达3.07亿元的政府补助资金。整体情况仍然是东部地区大于中西部地区。

表23 政府补助排名前十的省份（部门）

单位：万元

排序	省份(部门)	政府补助收入
	民政部	155173.12
1	陕 西	40803.25
2	上 海	30742.94
3	江 苏	9424.40
4	重 庆	8693.50
5	浙 江	6981.03
6	湖 南	5618.86
7	北 京	5586.86
8	广 东	3834.00
9	福 建	3491.31
10	内蒙古	3223.70
	总 额	273572.97

（3）投资收益

基金会财产主要来源于社会捐赠，最终应当用于公益事业，财产安全与增值问题是基金会管理的一大重点。基金会实现财产保值增值的主要途径有银行存款、购买国债和股票等其他有价证券、投资兴办企业等。遵循合法、安全、有效的原则对基金会财产进行保值增值，不仅是《条例》的明确规定，也是基金会对社会捐赠财产负责的重要举措。

从全国基金会的实际情况来看（见表24），投资收益仅占总收入的1.79%，平均收益为33.40万元，仅占平均总资产的1.79%，远低于定期存款利率。其中，1805家基金会并未进行保值增值活动。

表24 2011年全国基金会收入情况

单位：万元，%

省份（部门）	捐赠收入		提供服务		政府补助		投资收益		其他		平均收入	总收入
	收入	百分比	收入	百分比	收入	百分比	收入	百分比	收入	百分比		
民政部	2021241.28	90.74	6609.70	0.30	155173.12	6.97	20255.08	0.91	24209.07	1.09	14009.36	2227488.25
安徽	22806.40	90.65	0.00	0.00	570.00	2.27	1147.42	4.56	633.64	2.52	838.58	25157.46
北京	128777.78	88.91	4455.92	3.08	5586.86	3.86	1702.51	1.18	4322.90	2.98	827.69	144845.98
福建	50131.40	78.75	1509.40	2.37	3491.31	5.48	3587.05	5.63	4938.73	7.76	553.55	63657.89
甘肃	4917.00	84.84	0.00	0.00	682.05	11.77	0.66	0.01	195.58	3.37	321.96	5795.29
广东	152497.00	88.76	2340.15	1.36	3834.00	2.23	7888.00	4.59	5258.37	3.06	767.04	171817.52
广西	12887.87	90.46	0.00	0.00	468.00	3.28	232.10	1.63	659.64	4.63	619.46	14247.61
贵州	8928.62	85.58	539.50	5.17	413.49	3.96	235.68	2.26	316.09	3.03	613.73	10433.38
海南	12668.66	92.80	202.93	1.49	591.08	4.33	75.44	0.55	112.94	0.83	910.07	13651.05
河北	9141.06	92.03	0.00	0.00	500.00	5.03	130.98	1.32	160.68	1.62	354.74	9932.72
河南	68573.81	98.13	70.76	0.10	400.00	0.57	400.54	0.57	437.54	0.63	1247.90	69882.65
黑龙江	28239.19	95.16	49.91	0.17	755.00	2.54	277.69	0.94	354.98	1.20	618.27	29676.77
湖北	44522.79	94.55	53.34	0.11	743.56	1.58	987.95	2.10	779.04	1.65	923.27	47086.68
湖南	42369.19	77.28	100.00	0.18	5618.86	10.25	3707.02	6.76	3033.48	5.53	435.15	54828.54
吉林	16071.31	90.06	0.00	0.00	1166.60	6.54	3.80	0.02	603.87	3.38	356.91	17845.58
江苏	427727.88	94.13	46.11	0.01	9424.40	2.07	7215.53	1.59	9966.67	2.19	1208.46	454380.58

续表

省份（部门）	捐赠收入 收入	百分比	提供服务 收入	百分比	政府补助 收入	百分比	投资收益 收入	百分比	其他 收入	百分比	平均收入	总收入
江西	31665.41	97.50	0.00	0.00	26.00	0.08	523.07	1.61	261.84	0.81	1159.87	32476.32
辽宁	27721.42	96.87	132.45	0.46	237.00	0.83	101.35	0.35	423.85	1.48	635.91	28616.07
内蒙古	85052.42	91.88	229.10	0.25	3223.70	3.48	2993.70	3.23	1067.30	1.15	1303.75	92566.22
宁夏	19643.86	95.73	111.88	0.55	588.58	2.87	16.50	0.08	159.13	0.78	820.80	20519.95
青海	4037.51	96.79	0.00	0.00	100.00	2.40	0.00	0.00	34.00	0.82	297.97	4171.51
山东	38311.84	91.97	388.09	0.93	1393.62	3.35	856.52	2.06	707.53	1.70	650.90	41657.60
山西	10711.35	96.84	53.74	0.49	0.00	0.00	-786.87	-7.11	1082.15	9.78	460.85	11060.37
陕西	124338.23	72.49	56.13	0.03	40803.25	23.79	2995.86	1.75	3339.30	1.95	3176.53	171532.77
上海	232267.27	79.73	1701.65	0.58	30742.94	10.55	19713.13	6.77	6904.26	2.37	2511.46	291329.2
四川	57557.43	90.71	151.66	0.24	2317.76	3.65	565.15	0.89	2860.60	4.51	793.16	63452.60
天津	27070.64	92.85	0.00	0.00	242.00	0.83	1017.65	3.49	825.54	2.83	678.04	29155.83
西藏	1194.36	86.21	0.00	0.00	15.00	1.08	0.00	0.00	176.12	12.71	173.19	1385.48
新疆	2880.69	89.43	0.00	0.00	189.80	5.89	75.27	2.34	75.38	2.34	169.53	3221.14
新疆生产建设兵团	629.67	99.87	0.00	0.00	0.00	0.00	0.00	0.00	0.81	0.13	315.24	630.48
云南	20583.53	91.07	360.00	1.59	1094.50	4.84	193.45	0.86	369.84	1.64	579.52	22601.32
浙江	231884.09	93.94	34.78	0.01	6981.03	2.83	3626.12	1.47	4312.42	1.75	1148.09	246838.44
重庆	39658.50	80.59	71.30	0.14	8693.50	17.67	125.40	0.25	661.26	1.34	1491.21	49209.96
总数	4006709.46	89.61	19268.50	0.43	286066.99	6.40	79863.74	1.79	79244.55	1.77	1869.99	4471153.24

注：该部分数据来源于各地民政部门上报的基金会年检财务数据，其中有20个缺失值。

基金会平均投资收益率低于1%的省份有15个，占45.45%，山西省的基金会投资总额亏损，收益为负。民政部登记的基金会平均投资收益率也仅为0.91%。其中，34家基金会投资收益为负数。

四 全国基金会支出情况

1. 2011年全国基金会支出总额

2011年全国基金会支出总额为288.87亿元，同比增长12.72%。该数额占当年基金会总收入的比例并不高，主要因为捐赠收入中包含部分2011年新成立基金会的原始基金额，这部分资金基本没有动用，例如，2011年成立的陕西省神木县民生慈善基金会，原始基金会数额高达5亿元，当年总收入12.27亿元，但由于尚未开始运作项目，其总支出为0，影响了计算结果。

由表25可见基金会支出的分布情况。与基金会收入情况相对应，大部分基金会尤其是非公募基金会支出集中在500万元以下，这里有

表25 基金会支出分布情况

支出分布 （万元）	公募		非公募		合计	
	数量 （家）	比例 （%）	数量 （家）	比例 （%）	数量 （家）	比例 （%）
[0,100]	408	36.86	716	55.76	1124	47.01
(100,500]	345	31.17	334	26.01	679	28.40
(500,1000]	121	10.93	90	7.01	211	8.82
(1000,2000]	99	8.94	51	3.97	150	6.27
(2000,10000]	110	9.94	83	6.46	193	8.07
(10000,50000]	20	1.81	9	0.70	29	1.21
>50000	4	0.36	1	0.08	5	0.21
合计	1107	100.00	1284	100.00	2391	100.00

注：存在20个缺失值。

新成立基金会的影响，基金会在成立伊始往往不会进行大额的支出，所以支出额的大规模增长在一定程度上滞后于基金会数量的增长。另外，整体上，支出的分布会比收入的分布"下降"一个级别，所以上亿元支出的基金会并不多，仅34家，其中公募基金会24家，非公募基金会10家。

由表26可见，全国公募基金会支出约212.34亿元，占支出的73.5%；全国非公募基金会总支出约76.54亿元，占总支出的26.50%。近年来，非公募基金会迅速发展，在数量上已经超过公募基金会，但就规模与资金量而言，公募基金会仍占有绝对优势。

表26 基金会2004年前后成立的基金会支出情况

单位：家，万元

年份	公募			非公募			合计		
	数量	总额	平均值	数量	总额	平均值	数量	总额	平均值
1981~2004	457	1702130	3724.57	137	150874	1101.27	594	1853004	3119.54
2005~2011	650	421256	648.09	1147	614477	535.73	1797	1035733	576.37
合计	1107	2123386	1918.15	1284	765350	596.07	2391	2888736	1208.17

注：存在20个缺失值。

从成立年份上来看，2004年之前成立的基金会相应支出更多，其平均值达到了3119.54万元，比2011年基金会收入的平均值略少（收入均值为3640.30万元），是2004年之后成立基金会支出（576.37万元）的5.41倍。另外，2004年之前成立的公募基金会支出平均值仍旧远远领先于其他类别的基金会（见图12）。

对比2011年的收入与支出情况可知，在总额上，2004年之前成立的公募基金会与2004年之后成立的非公募基金会收入相当，但后者的支出却小于前者。2004年之前成立的非公募基金会总体规模最小。

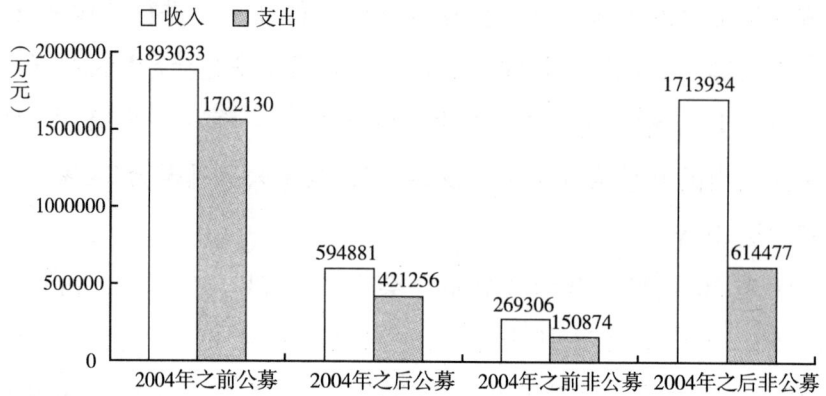

图12　基金会收支总额对比

在平均规模上，2004年之前成立的公募基金会平均收入与支出都遥遥领先于2004年之后成立的公募基金会以及2004年前后成立的非公募基金会，且收支较为均衡。而与之相对应的是，2004年之后成立的公募基金会收支均较少。2004年之后成立的基金会，收支的平均值均不大，这与近两年新成立大量基金会有关，一般新成立的基金会收入或许很多，但在新成立时不会有很大的支出产生。

再看收入的地区（部门）分布情况（见图13），民政部登记的159家全国性基金会支出总额约为156亿元，占全国总支出的54%左右，在支出规模上占绝对优势。除民政部之外，公益支出最多的5个省份的分别是江苏省（21.02亿元）、浙江省（20.62亿元）、上海市（15.32亿元）、广东省（13.33亿元）、北京市（10.12亿元），其分布规律与收入和资产的分布规律类似。

由表27可见，排名前10位的基金会支出总额约为112.04亿元，占全国基金会支出总额的38.79%。这10家基金会中，除清华大学教育基金会外，其余基金会当年支出占收入的比例均在70%以上，总支出额最大的基金会为中华慈善总会，约为66.28亿

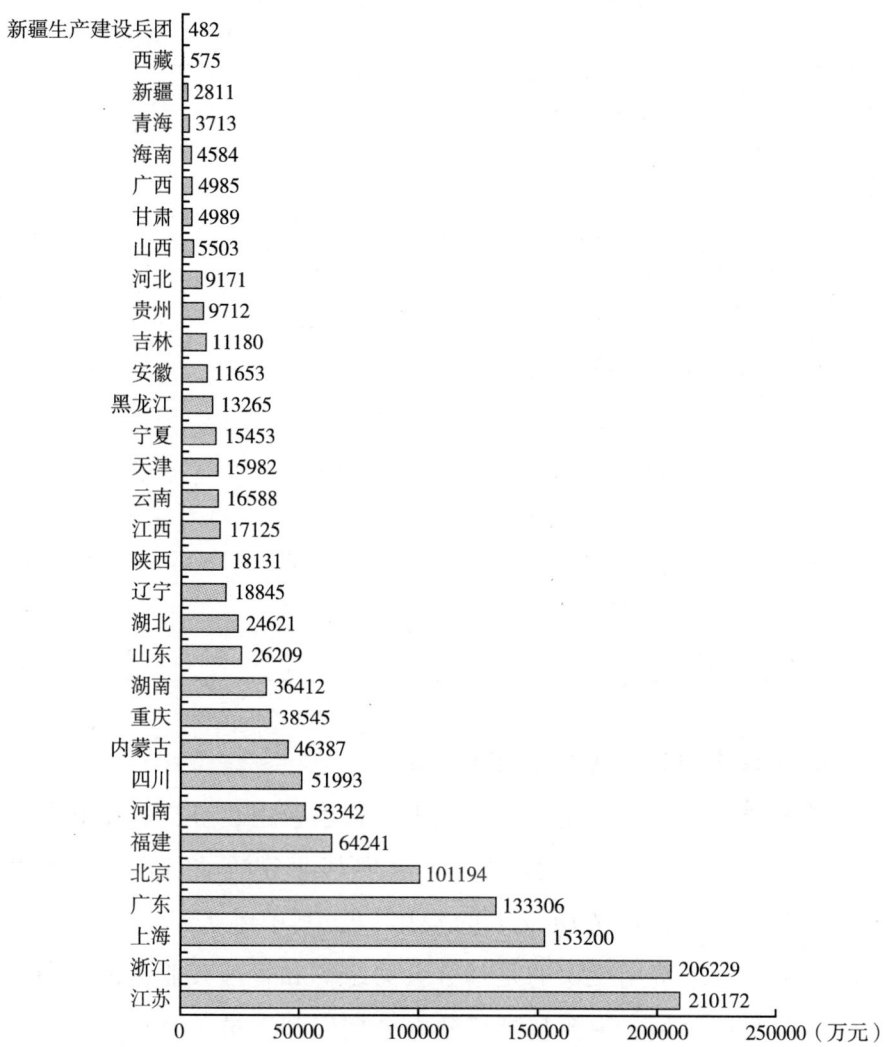

图 13 全国各省基金会支出总额分布

注：存在 20 个缺失值，各地方基金会总支出占全国基金会支出总额的 46%，由于民政部注册登记的基金会支出额较大，影响分布图的呈现，故单独说明。

元，支出占收入比例最高的基金会为中国红十字基金会，达 135.18%。

表27 支出总额前10名的基金会

单位：万元，%

排序	基金会名称	支出总额	占该基金会当年总收入比例
1	中华慈善总会	662810.24	101.48
2	中国教育发展基金会	95277.91	79.34
3	清华大学教育基金会	58990.42	52.00
4	上海市慈善基金会	58449.31	72.16
5	中国光华科技基金会	55535.99	97.89
6	中国癌症基金会	47985.34	67.45
7	中国博士后科学基金会	46425.13	99.63
8	中国残疾人福利基金会	32832.78	93.38
9	中国红十字基金会	31815.87	135.18
10	河南省宋庆龄基金会	30296.84	76.68
总　计		1120419.83	90.33

2. 2011年全国基金会各类支出情况

基金会的支出包括业务活动成本、管理费用、筹资费用和其他费用。业务活动成本主要指"为了实现其业务活动目标、开展其项目活动或者提供服务所发生的费用"[①]，其中绝大部分是公益事业的支出。管理费用反映的是基金会为组织和管理其业务活动所发生的各项费用总额，主要包括行政办公费用和人员工资福利。以上两项费用是基金会的主要支出，受到登记管理机关和社会公众的关注。

由图14可见，2011年全国基金会总支出约288.87亿元，在不同类型的支出中，公益支出占总支出的97.10%，行政办公经费和人员工资的比例均在1%左右，与2010年数据差异不大。

---

① 见《民间非营利组织会计制度》。

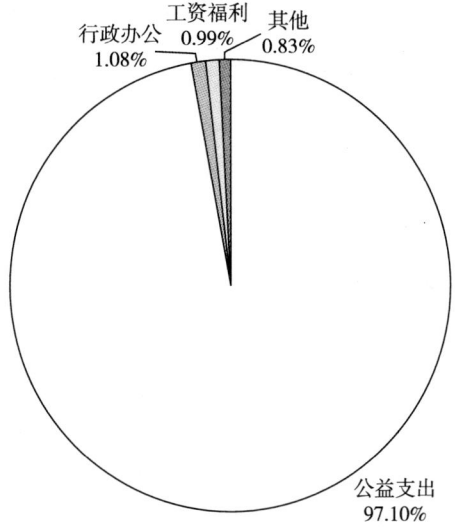

图 14 全国基金会支出情况比例

注：存在 20 个缺失值。

从公募基金会和非公募基金会分别来看，各部分支出比例分布基本一致。公募基金会的公益支出总额约 206.68 亿元，占支出总额的 97.34%，略高于非公募基金会的 96.44%。公募基金会管理费用占支出总额的 1.96%，略低于非公募基金会的 2.36%。从绝对数量来看，非公募基金会平均支出约为 596.07 万元，公募基金会约为 1918.14 万元，为非公募基金会的 3 倍多（见表 28）。

表 28 全国公募基金会与非公募基金会支出情况

	项目	公益支出	行政办公	工资福利	其他
公募	支出合计（万元）	2066802.82	19627.99	22163.08	14792.28
	平均值（万元）	1867.03	17.73	20.02	13.36
	比例（%）	97.34	0.92	1.04	0.70
非公募	支出合计（万元）	738089.80	11567.24	6489.06	9203.94
	平均值（万元）	574.84	9.01	5.05	7.17
	比例（%）	96.44	1.51	0.85	1.20

注：存在 20 个缺失值。

（1）公益支出

"基金会用于公益事业的支出包括直接用于受助人的款物和为开展公益项目发生的直接运行费用"①。2011年全国基金会公益支出总额约为280.49亿元，公益支出排名前10位的基金会与总支出排名吻合，支出总额约为110.60亿元，占相应总收入比例约为89.16%（见表29）。这10家基金会中，从基金会性质来看，除清华大学教育基金会外，其余9家均为公募基金会；从登记注册机关来看，除8家在民政部登记的全国性基金会外，还有两家分别是上海市慈善基金会和河南省宋庆龄基金会。公益支出额最高的为中华慈善总会，占其总收入比例大于100%，中国红十字基金会公益支出占总收入比例高达131.32%。

表29 公益支出额排名前10位的基金会

单位：万元，%

排序	基金会名称	公益支出	占该基金会当年总收入比例
1	中华慈善总会	662114.45	101.37
2	中国教育发展基金会	95080.29	79.17
3	清华大学教育基金会	57742.42	50.90
4	中国光华科技基金会	54590.44	96.22
5	上海市慈善基金会	50216.25	62.00
6	中国癌症基金会	47795.67	67.18
7	中国博士后科学基金会	46056.00	98.84
8	中国残疾人福利基金会	31521.68	89.65
9	中国红十字基金会	30909.19	131.32
10	河南省宋庆龄基金会	29939.26	75.77
	总　计	1105965.64	89.16

---

① 民政部：《关于规范基金会行为的若干规定（试行）》。

民政部的基金会公益支出总额远远高于各省份，排名前5位的省份为江苏、浙江、上海、广东、北京，与基金会收入情况基本一致。与2010年相比，民政部登记的基金会公益支出增长近9亿元；广东省增长额也较大，约5亿元。公益支出占总支出比例最高的为新疆生产建设兵团（99.58%）和浙江省（99.00%），最低的为吉林省（79.11%）和西藏自治区（78.95%）。公益支出是评价基金会规模和活跃程度的最直观的指标，具有相当的重要性。由于其占据基金会总支出绝大部分比例，所以其分布规律与基金会总支出类似。

（2）工资福利和行政办公支出

根据《条例》第二十九条规定，基金会工作人员工资福利和行政办公支出比例不得超过当年总支出的10%。此项规定用于约束基金会的运作规范性及提高公益资金的使用效率，但并不意味着管理费用越低就越好，其应根据基金会的运作类型和具体情况而定。合理、高效地使用善款是最终目的。

从全国来看，基金会的行政办公费用和人员工资福利支出仅占支出总额的2.07%，远低于《条例》规定的上限。但是，西藏（20.03%）和湖南（15.75%）的这个比例都超过了10%。

参与年检的2411家基金会中，由于数据为零或缺失导致无法计算的基金会有174家，剩余2237家基金会的行政办公费用和人员工资福利支出比例分布见表30。

全国基金会的行政办公费用和人员工资福利两项支出占基金会总支出的2.07%（见表31）。为保证基金会项目的良好运作，产生相应的费用是合理的，所以基金会的管理费用并非越低越好，而应该在一个适度的范围。从具体分布来看，符合《条例》规定的基金会占83.82%。工资福利和行政办公支出占总支出50%及以上的基金会共有98家，占基金会总数的4.38%，这些种情况基本都是由于基金会未进行项目运作，因此无公益支出。这两项支出在

表30 全国基金会工资福利和行政办公支出金额分布

工资福利和行政办公支出占 总支出比例(%)	基金会 数量(家)	占基金会总数 百分比(%)
100	57	2.55
[50,100)	41	1.83
(10,50)	264	11.80
[5,10]	603	26.96
[1,5)	648	28.97
(0,1)	434	19.40
0	190	8.49
总　计	2237	100

注：总支出数据为0的多为新成立的机构，或者因缺失而无法计算，有174个缺失值。

1%以下的基金会有624家，占基金会总数的27.89%，这意味着基金会运作200万元的项目所产生的人员和行政费用不足2万元，不排除一些基金会将项目人员的工资补助等计入项目费用中，或者另有专门的捐赠来支付此类费用、由捐赠企业承担报销相关行政费用等。

3. 2011年基金会资产、收入与支出情况比较

接下来我们对2011年基金会资产、收入与支出情况进行简单的比较，由表32可见不同资产分布组内基金会原始基金、收入、支出的总数和平均数。可以看出随着总资产规模的增加，原始基金、收入和支出都是呈递增的趋势。其中原始基金的变化较少，收入和支出的变化较为明显，尤其是收入，当资产超过5亿元时，收入平均值骤增到近9亿元，而支出也是类似的规律。

接着，对四者的相关程度作一个简单的分析。

表31 2011年全国基金会支出情况

单位：万元，%

省份(部门)	公益支出 支出	公益支出 百分比	行政办公 支出	行政办公 百分比	工资福利 支出	工资福利 百分比	其他 支出	其他 百分比	平均支出	总支出
民政部	1534052.09	98.45	11522.18	0.74	12562.42	0.81	0.00	0.00	9799.60	1558136.69
安徽	11290.03	96.88	182.53	1.57	180.59	1.55	0.00	0.00	388.44	11653.15
北京	96519.74	95.38	1570.34	1.55	1546.80	1.53	1557.15	1.54	578.25	101194.04
福建	62664.52	97.55	779.49	1.21	797.46	1.24	0.00	0.00	558.62	64241.47
甘肃	4568.38	91.57	172.35	3.45	99.45	1.99	148.74	2.98	277.16	4988.92
广东	129151.00	96.88	1459.00	1.09	1530.00	1.15	1166.46	0.88	595.12	133306.46
广西	4569.69	91.67	188.55	3.78	210.31	4.22	16.44	0.33	216.74	4984.99
贵州	9034.80	93.03	183.25	1.89	266.78	2.75	227.12	2.34	571.29	9711.95
海南	4178.92	91.16	94.12	2.05	116.50	2.54	194.51	4.24	305.60	4584.05
河北	8569.69	93.45	253.64	2.77	193.94	2.11	153.29	1.67	327.52	9170.56
河南	51943.21	97.38	544.76	1.02	491.01	0.92	362.75	0.68	952.53	53341.73
黑龙江	12937.85	97.54	204.79	1.54	118.08	0.89	4.07	0.03	276.35	13264.79
湖北	23740.26	96.42	260.45	1.06	265.93	1.08	353.87	1.44	482.76	24620.51
湖南	30290.44	83.19	3521.76	9.67	2213.49	6.08	386.21	1.06	288.98	36411.90
吉林	8844.18	79.11	322.75	2.89	61.69	0.55	1951.04	17.45	223.59	11179.66
江苏	206117.57	98.07	2284.46	1.09	1289.13	0.61	481.15	0.23	558.97	210172.32

047

续表

省份(部门)	公益支出 支出	公益支出 百分比	行政办公 支出	行政办公 百分比	工资福利 支出	工资福利 百分比	其他 支出	其他 百分比	平均支出	总支出
江西	16694.66	97.48	254.13	1.48	154.69	0.90	22.00	0.13	611.62	17125.48
辽宁	18394.30	97.61	220.55	1.17	230.64	1.22	0.00	0.00	418.79	18845.49
内蒙古	45014.40	97.04	845.63	1.82	392.60	0.85	134.01	0.29	653.33	46386.64
宁夏	15270.41	98.82	144.42	0.93	38.06	0.25	0.00	0.00	618.12	15452.89
青海	3586.25	96.58	81.68	2.20	40.26	1.08	4.91	0.13	265.22	3713.11
山东	25658.49	97.90	284.89	1.09	207.37	0.79	57.83	0.22	409.51	26208.59
山西	5084.91	92.40	146.04	2.65	82.98	1.51	189.50	3.44	229.31	5503.43
陕西	16389.30	90.39	281.69	1.55	432.02	2.38	1027.95	5.67	335.76	18130.96
上海	134496.23	87.79	2788.79	1.82	2862.92	1.87	13052.54	8.52	1320.69	153200.48
四川	50476.83	97.08	698.93	1.34	616.38	1.19	201.34	0.39	649.92	51993.48
天津	14203.58	88.87	470.78	2.95	196.40	1.23	1111.62	6.96	371.68	15982.38
西藏	454.18	78.95	63.90	11.11	51.32	8.92	5.91	1.03	71.91	575.30
新疆	2343.14	83.37	103.42	3.68	44.07	1.57	320.00	11.39	147.93	2810.63
新疆生产建设兵团	479.75	99.58	1.00	0.21	0.78	0.16	0.23	0.05	240.88	481.76
云南	16145.97	97.33	234.22	1.41	99.79	0.60	108.27	0.65	425.34	16588.25
浙江	204160.95	99.00	609.68	0.30	936.16	0.45	522.24	0.25	959.20	206229.03
重庆	37566.90	97.46	421.06	1.09	322.12	0.84	235.06	0.61	1168.04	38545.14
总数	2804892.62	97.10	31195.23	1.08	28652.14	0.99	23996.22	0.83	1208.17	2888736.21

注:该部分数据来源于各地民政部对基金会年检财务数据,其中存在20个缺失值。

表32 不同资产分布组内原始基金、收入、支出情况

单位：万元

年末总资产分布	原始基金		收入		支出	
	总数	平均数	总数	平均数	总数	平均数
[0,500]	263010.1	286.82	140331.9	152.87	111178.5	121.11
(500,1000]	195039.0	396.42	192683.2	391.63	179723.3	365.29
(1000,2000]	197523.3	528.14	257684.9	689.00	163141.7	436.21
(2000,5000]	280887.1	856.36	569136.3	1735.17	391268.9	1192.89
(5000,10000]	197949.0	1522.69	465185.9	3578.35	300695.9	2313.05
(10000,50000]	482450.8	4088.57	892758.3	7565.75	612337.9	5189.30
>50000	204421.0	9291.86	1951711.0	88714.12	1129050.0	51320.47

注：存在缺失值的基金会没有计算。

由表33可见，原始基金与年末资产的相关度较高，与收入的相关度次之，与支出的相关度最低。但这三个值都小于年末资产、收入、支出三者间的相关度。可见，原始基金实质上对后三者的影响并不大，原始基金多的基金会，其支出并不一定就多。而后三者间相关程度较高，其中收入和支出的关系最为密切。

表33 原始基金、资产、收入、支出四者相关度

项目	原始基金	年末资产	收入	支出
原始基金	1			
年末资产	0.3707***	1		
收入	0.1998***	0.7158***	1	
支出	0.1154***	0.5348***	0.8681***	1

注：* $p<0.05$，** $p<0.01$，*** $p<0.001$。

具体来看资产与收支之间的关系。由表34可见，2011年42.43%的基金会收入占资产的比例在20%以下。同时我们也看到，有近三成的基金会在2011年的收入达到了当年资产的60%，其中一些基金会甚至一年的收入就可以超过它当年的年末资产。可见基金会是一个资金流动十分频繁的组织，甚至可能存在着与自身资产规模相当的资金流入和流出，因此，基金会年末资产并不能完全反映基金会的实力和绩效。基金会的收入多是为了公益的目的"花出去"的，这是基金会和企业的不同之处，基金会不是以自身资产积累为目的的机构。

表34 收入占资产比例分布情况

单位：家，%

收入占资产比例	公募	非公募	总数	比例
[0,20]	474	532	1006	42.43
(20,40]	188	209	397	16.74
(40,60]	128	122	250	10.54
(60,80]	82	88	170	7.17
(80,100]	74	107	181	7.63
>100	157	210	367	15.48
合 计	1103	1268	2371	100.00

注：存在缺失值或资产为0的基金会没有计算。

相较于收入，支出占年末总资产的比例比收入占资产的比例要小（见表35）。但其中也有15%左右的基金会支出占到当年年末资产的60%以上。其中公募基金会的支出占资产的比例高于非公募基金会的该比例。

表35 支出占资产比例分布情况

单位:家,%

支出占资产比例	公募	非公募	总数	比例
[0,20]	607	805	1412	59.43
(20,40]	180	187	367	15.45
(40,60]	101	83	184	7.74
(60,80]	66	50	116	4.88
(80,100]	43	36	79	3.32
>100	106	112	218	9.18
合计	1103	1273	2376	100.00

注:存在缺失值或资产为0的基金会没有计算。

最后来看支出占收入的比例格局。支出占收入的比例相比之下较为均衡地分布在各个区间,并且支出超过当年收入的基金会是较多的,有701家,占有效数据的31.05%(见表36、图15)。可见,基金会是一个"谱系"的分布,各个区间、各种情况的基金会都有,有些基金会有着高额收入,支出却不一定多,而有些基金会支出甚至会超过收入。

表36 支出占收入比例分布情况

单位:家,%

支出占收入比例	公募	非公募	总数	比例
[0,20]	145	264	409	18.11
(20,40]	104	134	238	10.54
(40,60]	113	117	230	10.19
(60,80]	174	140	314	13.91
(80,100]	190	176	366	16.21
>100	336	365	701	31.05
合计	1062	1196	2258	100.00

注:存在缺失值或收入为0的基金会没有计算。

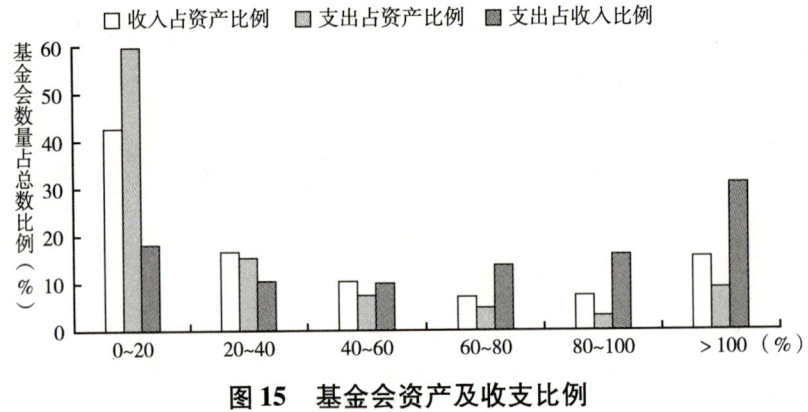

图 15　基金会资产及收支比例

另外，由图 16 可见 2011 年中国公募基金会与非公募基金会的数量、资产、收入、支出比例分布情况。虽然非公募基金会数量上已经超过了公募基金会，但从资产、收入和支出的总数和平均数来看，公募基金会仍旧多于非公募基金会，尤其是在支出上，公募基金会占据了近 3/4 的份额，明显具备规模上的优势。

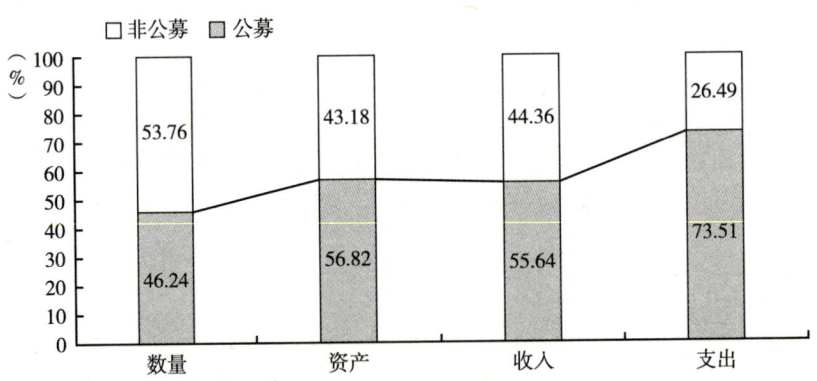

图 16　不同类型基金会数量、资产、收入、支出占比情况

五　全国基金会专职工作人员状况

1. 专职人员数量总体状况

基金会专职工作人员数量可以反映基金会的专业化程度和水平。

下文分别从基金会数量、登记管理机关、类型、原始基金数、排名等角度详细介绍 2011 年我国基金会专职工作人员的情况。

2011 年我国基金会有专职工作人员 8532 人,平均每家基金会拥有专职工作人员 3.60 名①,专职工作人员偏少。

由表 37 可见,全国基金会中,有 421 家基金会无专职工作人员,所占比例为 17.79%。大多数基金会拥有 3 名及以下专职工作人员,累计比例达 66.88%。拥有 5 人及以上专职工作人员的基金会所占比例接近 1/4。

表 37　基金会拥有专职工作人员总体情况

单位:人,%

人　数	数　量	比　例	累计比例
0	421	17.79	17.79
1	428	18.08	35.87
2	398	16.81	52.68
3	336	14.20	66.88
4	199	8.41	75.29
5	177	7.48	82.76
6	89	3.76	86.52
7	78	3.30	89.82
8	49	2.07	91.89
9	41	1.73	93.62
10	28	1.18	94.80
11 以上	123	5.20	100.00
合计	2367	100.00	100.00

注:该部分主要来源于各地上报的基本信息表,缺失值 44 个。

① 存在 44 个缺失值。

我国是世界上劳动人口最多的国家，基金会整个行业的专职工作人员还不到万人，这个比例明显偏低。这一方面反映了我国基金会行业处于起步时期，缺乏专业化、职业化的人才支持，公益领域的人力资源培养和发展情况极其滞后；另一方面，也体现出基金会对专业人员需求巨大。我国大多数基金会由于节约开支等原因，工作人员多用兼职人员或志愿者。但是，基金会拥有独立的法人资格，要运营大量的公益资产和公益项目，必然要求基金会科学高效地开展募捐和进行支出，做好信息公开、项目运作和管理、保值增值等工作。这些均需要专业专职的工作人员来完成。目前我国基金会专职工作人员相对缺乏，不能满足基金会专业高效的运行要求。尤其是我国基金会事业正处于蓬勃发展的阶段，更需要专职工作人员数量和质量上的提高，以匹配基金会的发展步伐。

由表38可见，公募基金会拥有的专职工作人员多于非公募基金会，平均每个公募基金会专职工作人员比非公募基金会多2人。出现这种现象的原因一方面可能是公募基金会项目多，持续时间长，时至今日，成立初期的工作人员都有了丰富的工作经验，专业化程度高；还有部分公募基金会有政府背景，经过考察进行人员任命，专职开展基金会的工作。另一方面，非公募基金会为节省工作成本支出，工作人员一般是由基金会的出资企业的员工兼任。

表38　不同类型基金会专职工作人员情况

单位：人

年份	公募			非公募			合计		
	基金会数	总人数	平均数	基金会数	总人数	平均数	基金会数	总人数	平均数
1981~2004	454	2819	6.21	137	492	3.59	591	3311	5.60
2005~2011	650	2346	3.61	1126	2875	2.55	1776	5221	2.94
合计	1104	5165	4.68	1263	3367	2.67	2367	8532	3.60

注：该部分主要来源于各地上报的基本信息表，缺失值44个。

另外，我们也能看到2004年之前成立的基金会人数普遍更多，其中2004年之前成立的公募基金会平均专职人员达到6.21名，非公募基金会该数为3.59名；而2004年之后的公募基金会专职人数均值为3.61名，非公募基金会人数均值为2.55名。随着基金会时间的增加，其资产规模、人员数量上都会相应增长，逐渐完善其组织架构。

由表39可见基金会年末资产与基金会专职工作人员的关系。随着资产规模的增大，基金会拥有专职人员的平均数逐渐增大；资产规模在500万元以下的基金会平均每家专职工作人员为2.33人；而当资产规模达到1000万~2000万元时，平均专职工作人员达到3.25人；当资产规模达到了5000万~1亿元时，平均专职人员为5人以上；而超过5亿元资产规模的基金会一般拥有数十名专职人员，其平均值为27.86人。可见，资产较多的基金会大多规模大、项目多，故而对专职工作人员的需求量大。同时，这样的基金会也有更充裕的资金用于员工工资福利支出。

表39 基金会专职工作人员按原始基金数分类情况

单位：万元，人

年末总资产	人数	平均数
[0,500]	2079	2.33
(500,1000]	1357	2.80
(1000,2000]	1204	3.25
(2000,5000]	1530	4.69
(5000,10000]	716	5.51
(10000,50000]	965	8.18
>50000	613	27.86
合　　计	8464	3.61

注：资产部分存在缺失值的基金会没有计算。

由表40可见专职工作人员排名前10位的全国基金会基本情况。其中8家基金会的登记管理机关为民政部和东部地区，9家基金会是公募基金会，8家基金会的登记时间是在2000年以前，除四川省扶贫基金会外均拥有很高的年末总资产。因此可以看出，专职工作人员较多的基金会有以下特点：在民政部和东部地区登记、公募基金会、运作时间长、资产雄厚。

表40 全国基金会专职工作人员排名前10位列表

单位：万元，人

排名	人数	名称	省份(部门)	类型	成立年份	原始基金数	年末总资产数
1	135	中国扶贫基金会	民政部	公募	1989	1000.00	107266.77
2	66	爱德基金会	江苏	公募	2005	2500.00	22448.90
3	63	四川省扶贫基金会	四川	公募	1992	800.00	3047.17
4	62	上海市慈善基金会	上海	公募	1994	46000.00	173675.37
5	61	中国青少年发展基金会	民政部	公募	1989	800.00	61517.34
6	59	中国光华科技基金会	民政部	公募	1993	800.00	48365.55
7	56	中国残疾人福利基金会	民政部	公募	1984	50621.00	76158.91
8	47	河南省宋庆龄基金会	河南	公募	1992	400.00	307911.91
9	46	泛海公益基金会	民政部	非公募	2010	20000.00	20696.63
10	40	中国红十字基金会	民政部	公募	1994	800.00	64147.25

2. 各地区专职人员情况

由表41可见全国基金会专职工作人员的分布情况。其中民政部登记的基金会的专职工作人员的总数和均值都远远高于地方各省市；专职工作人员数量总和超过500人的还有江苏、北京、广东和上海的基金会；各省市基金会专职工作人员的数量分布基本与基金会的分布情况相同，东部较多，中部居中，西部较少；平均每家基金会专职工作人员的数量没有因地区的不同而存在明显的差别，均为2～5人，这也反映出我国基金会专职工作人员普遍偏少。

表41 全国基金会专职工作人员分布情况

单位：人

省份（部门）	总数	均值	省份（部门）	总数	均值
民政部	1849	11.63	湖北	122	2.39
江苏	783	2.09	重庆	116	4.00
北京	702	3.97	天津	110	2.56
广东	524	2.33	江西	106	3.79
上海	506	4.36	甘肃	97	4.85
四川	397	5.03	广西	96	4.17
湖南	348	2.78	安徽	83	2.86
福建	343	3.04	贵州	82	4.82
浙江	336	1.56	宁夏	72	2.77
河南	282	5.04	黑龙江	66	1.53
陕西	230	3.90	新疆	66	3.47
山东	216	3.37	山西	62	3.26
内蒙古	194	2.73	海南	55	3.67
辽宁	162	3.86	西藏	35	4.38
吉林	160	4.21	青海	26	1.86
云南	150	3.85	新疆生产建设兵团	7	3.5
河北	149	5.14	合计	8532	3.60

注：一共有44个缺失值。

3. 2011年新成立基金会人员情况

从2011年新成立的基金会人员情况来看（见表42），351家新成立基金会一共拥有762名专职人员，平均每家基金会仅有2.30名专职人员，低于全部基金会的平均水平。新成立的基金会组织架构尚未完善，自身的运作和发展尚处于探索期，其需要一定的时间来完善。

由表43可见新成立基金会的人员分布情况。有62家新成立的基金会无专职人员，188家基金会只有1~3名专职工作人员，专职工作人员数量超过5名的基金会共有21家，其中基金会专职工作人员最多的为8名，一共5家。

表42　2011年新成立基金会人员情况

单位：人

类型	总数	平均数
公募	200	2.44
非公募	562	2.25
合计	762	2.30

注：该部分19个缺失值。

表43　2011年新成立基金会人员分布

专职人数（人）	基金会数（家）	比例（%）	累计比例（%）
0	62	18.67	18.67
1	70	21.08	39.76
2	77	23.19	62.95
3	41	12.35	75.30
4	30	9.04	84.34
5	31	9.34	93.67
6	12	3.61	97.29
7	4	1.20	98.49
8	5	1.51	100.00
合计	332	100.00	100.00

注：存在19个缺失值。

总体来看，专业化人才队伍的"供求不平衡"会成为基金会发展的瓶颈之一，而造成这一现状的原因之一就是目前行业内专职人员工资待遇问题。从业者的待遇过低，很容易造成人才流失或者是人员的稳定性较差。现代公益慈善需要专业化的运作，需要有执行团队的职业化投入，工作人员既要具有公益精神，还要具有很强的专业能力。公益领域的专职从业人员的生活同样依赖于职业所得，他们也与其他劳动者一样，要建立自己的家庭，维持自己有尊严的生活，因而他们也需要一份正常的收入。

另外需要说明的是，基金会的专职工作人员虽然少一些，而且也不如企业和政府部门那样能迅速吸收大量就业人才，但基金会作为正在蓬勃发展的非营利组织，能够盘活社会上的志愿资源，释放巨大的公益能量。很多西方发达国家，例如美国，2008年志愿者为6180万人，其比例高达总人口数的20%，即一年时间内，每10个人中便有2人参与了社会志愿服务。基金会的专业化运作必须有人员保障，中国的基金会领域虽然还处于发展初期，整个行业需要从"游击队"转化为"正规军"，但已经显示出强大的生命力，具有调动各个行业、各个年龄层的众多社会资源的潜力。

六 2011年中国基金会发展趋势

1. "捐赠"趋势：基金会捐赠收入年增长率达18.83%

2011年基金会收入总额为447.12亿元，2010年基金会收入总额为374.03亿元，年增长率为19.54%（见表44）。其中捐赠收入是总收入的绝对主体，2011年基金会的捐赠收入总额为400.67亿元，年增长率达到18.83%。

表44 2011年基金会捐赠收入情况

单位：万元

类　型	总　额	平均额
公募基金会	2144949	1937.62
非公募基金会	1861760	1449.97
总　体	4006709	1675.75

注：存在20个缺失值。

可见，2011年，基金会捐赠收入的年增长率达到了近20%，整体上呈现一种蓬勃增长、快速发展的趋势。2011年比2010年增加了

63.2亿元的捐赠收入，在没有重大灾难及政策变革等因素的情况下，这已是一个十分"壮观"的数字。

这里将捐赠收入进一步细化，分别对比2011年与2010年公募与非公募两类基金会的捐赠收入情况。

由图17可见，公募基金会与非公募基金会情况不同。公募基金会获得的捐赠金额略有减少，但非公募基金会获得的捐赠金额却迅速增长，约从94.20亿元增长到186.18亿元，增长率为97.64%，在捐赠收入上非公募与公募基金会差距迅速缩小。非公募基金会在2011年获得了更多的社会资源，或者说越来越多的组织和个人选择以资助或者自己成立非公募基金会的形式进入公益领域。总体上来说，基金会无论是数量还是规模都持续快速增长，但捐赠结构发生了一些微小变化。

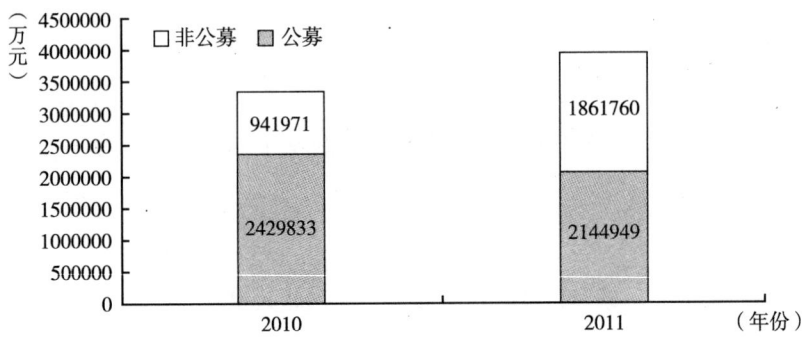

图17　两类基金会捐赠收入对比

从2004年开始，整个基金会领域开始快速发展变化，其中政策变革、重大自然灾害催化、经济发展等都在其中扮演着关键的角色。图18以在北京市登记注册的全部基金会为例，说明2004年《基金会管理条例》颁布之后，北京市基金会接收境内外捐赠金额的变化。

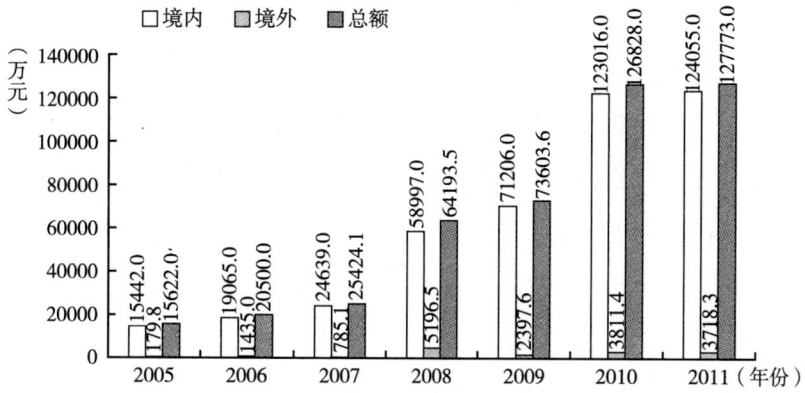

图18 北京市基金会历年接受捐赠变化

注：该部分数据来源于北京市基金会历年年报中基金会自行填写的"接受捐赠情况表"，由于部分新成立基金会数据缺失，故其与审计报表中数据略有出入。

整体上，这是一个"三阶跳"的变化过程。

2005年是《基金会管理条例》颁布后的第一个完整年份，是一个从无到有的跳跃点，也是一个起点，2005~2007年，捐赠数额缓步增长，每年的数值大约从1.5亿元逐渐增长到2.5亿元。

2008年是一个重要的质变点，在重大灾难的背景下，完成了第一个台阶向第二个台阶的跳跃。2008~2009年，这两年是一个新台阶，这时候的捐赠总金额达到了6亿~7亿元的规模。

到2010年，重大灾难的影响逐渐退去，但2010年和2011年的捐赠数据不仅没有减少，反而上了一个更高的台阶，实现了二阶到三阶的跳跃，以至于2008~2009年因重大灾难催生的捐款金额"高台现象"被12亿元的第三高台所超越，令人感到吃惊。当然，其中一个不可忽略的政策背景是，2010年北京市开始尝试开放"绿色通道"，一定程度上鼓励企业及企业家、艺术家等成立非公募基金会，所以当年有大量的社会资金涌入公益领域。2011年，捐赠增长趋势变得平缓，该年数额仅略高于2010年数额。但值得注意的是，在汶川地震和玉树地震产生的募款效应基本可以被排除的情况下，相较2008年及2009年、2011年的捐赠数额有巨大的增长，因而这里看到的是真正公民慈善意识的产生与兴起。

另外，需要说明的一点是，基金会领域并不是"铁板一块"，而是一个丰富多样的世界，虽然现在基金会数量不到3000家，但其异质性程度并不低于市场中的企业。不同的理念、规范程度、专业化程度甚至是不同个性的基金会都在其中出现。面对个性多样、发展状况各不相同的基金会，每个个性不同的捐款者完全可以通过用"捐款选择"支持其认可的基金会，托付自己的社会责任和仁爱之心。

2."透明"趋势：基金会公信力的建设

2011年，基金会的公信力建设成为整个领域关注的焦点，其中公开透明是一个重要的手段。越来越多的基金会开始成立网站、创办刊物。仍以北京市为例，图19是北京市历年成立网站的基金会数量。

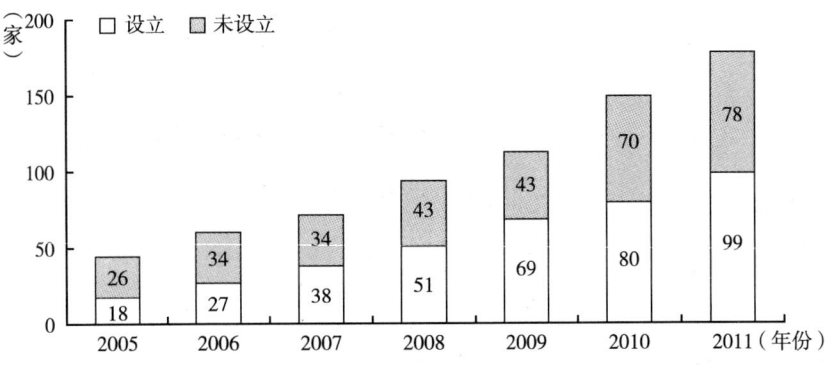

图19 北京市基金会成立网站情况

由图19可以看到，近年来成立网站的基金会数量不断增多，且占基金会总数的比例由2005年的40%左右到目前的50%以上①。

---

① 新成立的基金会一般需要从发起到逐渐完善的时间段，在基金会逐渐走上正轨后，网站建设的必要性和紧迫性就凸显了出来。

当然，拥有网站并不一定代表基金会公开透明就做得出色。

2006年1月，民政部发布了《基金会信息公布办法》，就公开内容方面重点关注了基金会的年度工作报告、公募基金会组织募捐活动的信息、基金会开展公益资助项目的信息三方面的内容。该办法要求各基金会按统一的格式要求，在登记管理机关指定的媒体上公布年度工作报告的全文和摘要①。所以，目前基本上所有的基金会都会在各级登记管理机关指定的媒体上公布自身的年度工作报告摘要。例如，每年民政部登记的基金会在年检结束后，会在中国社会组织网和《公益时报》或《中国社会报》上进行信息公布，北京市登记的基金会在《法制晚报》上进行信息公布。

基金会年度工作报告是目前了解基金会情况的重要权威资料，年报上涵盖了基金会的基本信息、理事会信息、工作团队信息、代表机构及专项基金信息、收入支出情况、业务活动（项目）情况、重大公益项目收支明细及对象、财务会计报告（资产负债表、业务活动表、现金流量表）、信息公开情况、内部制度建设、涉外活动情况等基金会日常运作的各个方面。

2012年7月，民政部发布了《关于规范基金会行为的若干规定（试行）》，"基金会的信息公布"是其中的内容之一，在信息公布方面，该规定除了对基金会公开募捐活动的信息以及因参与突发事件而开展的募捐活动信息要求公开外，也再次强调捐款人对基金会的监督权。

无论是政府部门还是社会中介机构，都已经开始关注基金会的公开透明，其重点主要是关注基金会的年度工作报告和审计报告。同时，国内也已经开始关注基金会公开募捐、支出及成本情况、捐款人问责等方面的内容。

---

① 《基金会信息公布办法》第五条。

在这个基础上还应该公开些什么呢？

这里先简要介绍一下美国的做法。美国的公开透明是一个立体化的系统。政府主要是利用国家税务部门通过税收优惠的方式来引导其信息公开，其核心是"990表"①，符合501（c）（3）②的组织可以向国家税务局申请减免税待遇，而任何人都可以查看免税机构的"990表"。但这只是一个起点，美国还存在着庞大的社会第三方中介（评估）组织，如美国商业促进会的明智慈善联盟［BBB（Better Business Bureau）Wise Giving Alliance］、美国基金会中心网（Foundation Center）、慈善导航（Charity Navigator）等，它们通过提出公益组织的行为标准，对基金会的评估资料呈现以及对"990表"的分析汇总整合等多种方式来对信息内容进行"加工"。另外，美国还存在着基金会行业自律组织，而媒体和公众也在其中扮演着促进基金会公开透明的角色。最终，政府、第三方中介（评估）组织、行业自律组织、媒体、社会公众等共同组成推进包括美国基金会公开透明在内的整个公信力体系。即使是这样，也并不是说所有美国基金会在公开透明方面都做得比较全面、规范，美国的一些私人基金会也只做到最基础的"990表"格公开，因为它们更多关注的是捐款者的问责，而这个问责除了敦促基金会及时反馈捐赠资金的使用情况，更多的是实现基金会对捐款者的"社会责任"，即保证专业有效地运作公益项目。

所以，在保证基金会公开基本财务信息和基础信息的情况下，要给予基金会一个相对开放的空间。基金会可以根据自身情况主动去建构一套符合机构发展的公开透明的做法。例如，北京市西部阳光农村发展基金会，其自身开发探索出一套公众易懂的财务

---

① Form 990是美国的免税组织，每年向国家税务局呈交关于其财务和活动状况的申报表。
② 美国划分纳税组织类型的一种。

公开方式,如每个月会对外公布更简洁易懂的基金会月财务收支情况①。

表45 北京市西部阳光农村发展基金会财务公开情况

北京市西部阳光农村发展基金会
————财务收支报表
报表时间:二零壹—贰年八月三十一日

单位:万元

序号	捐赠单位及个人名称	年初结余金额	本年捐赠收入	资金用途
1	上海新联康投资顾问有限公司	32043.40	—	甘肃宕昌县基础教育综合项目(二期)
2	首域投资有限责任公司	352776.59	—	甘肃宕昌县基础教育综合项目(三期)
3	志愿者零星捐赠	—	10110.00	甘肃宕昌县基础教育综合项目(三期)
4	嘉实基金管理有限公司	807433.56	—	甘肃成县基础教育综合项目(一期、二期)

此外,该基金会网站上还公布每月的捐赠资金、捐赠项目、大额捐款独立的资金使用报告、年度报告和审计报告等,最终基金会形成了一套个性化的做法。很多类似的基金会也都在探索着自身的道路,形成一套基于社会需求导向下自觉、主动对社会证明自身公信力的公开透明体系。

在一个社会选择机制成活的场景下,基金会不需要种种公开透明的引导或者规定,社会捐款这双"无形的手",使基金会会自发地想

---

① http://www.westsa.org/a/Information/caiwuxinxi/1784.html.

要证明自己是可信的、高效的,它们会把自己的公信力视为组织的"生命线",会主动去探索一套适合自己的公开透明、实现社会问责的做法来增强自身的公信力品牌。

所以,促进基金会公信力建设,不仅仅只是去推动那些表面上或者是形式上的公开透明,更不是取代捐款人来"指挥"基金会,"事无巨细"地公开信息,而是沿着社会选择规律的方向去引导促进行业对公信力的重视,使得基金会从"被动的公开透明"转向"主动的公信力建构"。至少,我们可以在一些社会化取向的基金会中看到这种主动的公开透明、对捐款人负责的公信力建构行为。最终,基金会之间形成的是一种相互促进、相互学习却又相互独立的多元格局,实现整个基金会行业的共同发展。

另外,目前国内基金会领域迫切需要第三方中介机构对这些信息进行专业化的解读,这样才可能使这些公开的信息被有效利用起来,进入社会选择的轨道中。

3. "专业"需求:基金会开始朝专业化道路发展

2011年,"专业"这两个字浮出水面。基金会的专业性也是基金会公信力的重要基础。基金会是生产"公益产品"的,专业性决定了"公益产品"的社会效果,这也是一家基金会的核心竞争力。从某种程度上来说,"专业"的分量重于"透明",因为对于一些机构,公众甚至可以不关心基金会的任何基础信息(当然具备信息更佳),只关注"公益产品"的社会效果。

首先,在2011年,基金会向社会呈现了更为多元的公益项目。虽然传统的救助型慈善项目和教育类公益项目仍然占据主导地位,但很多这类项目都开始在原来的基础上进行拓展创新,根据切实存在的社会需求来进行运作,而且这种运作通过各种新媒体广泛调动社会参与。2011年"希望工程"向"免费午餐"传递,这两种现象都是中国公益领域发展过程中"里程碑"式的事件。

2011年，中国青少年发展基金会、中国扶贫基金会、中国儿童少年基金会等一些成立较早的大型公募基金会，都在尝试对原来的老牌优势项目进行变革发展，同时他们还关注各自领域内的研究和创新。面对多元的社会需求，很多致力于社区服务的基金会也逐渐崭露头角，桃源居公益事业发展基金会、成都公和社区发展基金会等相继在社区服务领域开始了建设性的探索。同时，更多的基金会的公益项目开始关注西藏、新疆等地区的发展，切实推动了民族关系融洽与社会和谐，如中国光彩事业基金会、北京市美疆助学基金会、北京苹果慈善基金会等。还有一些基金会在某个领域中开始资助和支持"草根"机构的项目，如北京市企业家环保基金会（SEE）、北京市温暖基金会等。同时，领域中也出现了鼓励社会创新、促进行业发展的公益项目，如南都公益基金会、北京市光华慈善基金会等。此外，促进医学、自然科学、社会科学等各方面研究的公益项目，涉及传统文化艺术、西方文化艺术等多种多样文化普及传承发展的公益项目也不断推出。总之，基金会公益项目逐渐呈现出一个丰富多元的项目格局。

其次，公益项目从"粗犷式扩展"逐渐转向"体系化运作"。这种趋势一旦产生，将会不可逆地带动越来越多的基金会开始关注慈善的多维度、深层次需求。例如，多年来，爱佑华夏慈善基金会的"爱佑童心"项目救助了上万名先心病儿童，而且项目模式也进入了一个规范化、体系化、流程化的阶段。每一名患儿从申请到选择定点医院，再到确定如何接受治疗，再到后续跟进，这一系列程序都进入了体系化管理模式中。2011年，北京市新阳光慈善基金会在白血病儿童救助项目的上、中、下游也开始了体系化和配套化的探索，将社工工作方法融入助过程中，尝试提供救助之外的更多服务，如前期信息渠道普及、系统化的救助跟进档案、后期救助后儿童的社会融入等。

最后，一些基金会的公益项目开始进入"有机生长"的轨道。北京市西部阳光农村发展基金会的"宕昌县基础教育质量综合提升

项目"便是较为典型的案例。基金会从教师培训入手,一开始就把握农村教师培训的症结所在,以教师为主体并辅助多种方式来维持及强化培训的效果,并开始向培训相关的其他问题延伸,使项目有机生长,令项目活动开始沿着解决社会问题的思路向深处渗透,认识与解决社会问题的方案都越来越深化,最终推动了当地教育政策的改变。

除了项目运作的专业性之外,基金会其他方面的管理也开始进入规范化的轨道之中,从基金会的基础制度建设、理事会治理、团队管理等多个方面都开始在较为广泛层面上规范地提升,在规范建设领域里的执著与探索,是伴随着项目运作而成长的。这些内容一般匹配着项目运作而进行,且一定程度上可以说是为了更好地为项目服务。两者相辅相成,共同构成基金会的整体,实现基金会的使命与价值。

另外,专业性是一个长期积累的过程。近两年来新成立的基金会较多,这些基金会成立后的一两年甚至更长的时间内需要社会引导和其自身不断地调整探索。政府机构、中介机构、学者和媒体都应以更为宽容的目光,从发展的角度去看待专业性的问题,不对刚成立的基金会提出过于严苛的要求,而是共同引导整个行业对基金会专业性的重视和在这方面的交流学习成长。

4. "成本"概念:用成本来支持专业

基金会的专业性需要成本作为支撑,这里的成本包括行政成本和人员工资福利。由表46可见2010年和2011年基金会的支出情况。公益支出的比例平均占到了总支出的97%左右,而人员工资及行政办公支出还不到总支出的3%,虽然2011年这个比例略高于2010年,虽然很多基金会都已经认识到并努力推进整个行业和媒体公众对于成本的认识,但整体上成本远低于《基金会管理条例》中10%的要求。

表46 中国基金会2010年和2011年支出情况

单位：万元

项目	类型	2011年		2010年	
		数量	比例	数量	比例
公益支出	公 募	2066803.0	97.34	2024157.0	97.90
	非公募	738089.8	96.44	476395.5	97.07
	总 计	2804893.0	97.10	2500552.5	97.74
行政办公	公 募	19627.9	0.92	20171.7	0.98
	非公募	11567.1	1.51	6429.3	1.31
	总 计	31195.0	1.08	26600.9	1.04
工资福利	公 募	22163.2	1.04	16789.6	0.81
	非公募	6489.1	0.85	4441.6	0.91
	总 计	28652.3	0.99	21231.2	0.83
其他支出	公 募	14792.3	0.70	6512.8	0.31
	非公募	9203.9	1.20	3497.9	0.71
	总 计	23996.2	0.83	10010.7	0.39
总支出	公 募	2123386.0	100.00	2067631.0	100.00
	非公募	765350.1	100.00	490764.3	100.00
	总 计	2888736.0	100.00	2558395.3	100.00

在一定程度上，行政工资比例过高说明基金会的运作效率方面存在着问题，尤其是在国内，很多捐款者甚至还不能接受"捐款100元，而其中有10元甚至更多是运作成本"的概念。所以，很多捐款者觉得这个成本的比例越低，基金会的运作效率就越高。这时候，人们只是简单地把基金会等同于一个善款的"传递机器"，但是公益项目本身在传递善款的同时是需要很高的专业性的，如果这些"善款"以不恰当的方式使用可能会成为"公益毒药"，如导致"养懒问题"（福利依赖）和对公益资源的"恶性竞争"等。

这个比例一定是越低越好吗？

美国权威的BBB（Better Business Bureau）网站For Charities and

Donors 版块给出的问责慈善行为的标准是项目支出占总支出的65%以上①。这是一个相对"宽松"的比例。

公益是有成本的,尤其是追求专业化和公信力的基金会,必然需要一定的行政成本和人力支出,否则将无法维系组织正常的运作。不同类型的公益活动或项目的行政及人力成本有很大的差异,总体上,国内基金会呈现资助型少而运作型多的格局②,一般运作型基金会的成本相对较高,一些社区发展性项目甚至可能需要30%~40%的行政成本才能保证参与动员工作的有效开展。

过低的行政及人员成本不仅留不住人,无法更好地运作项目,也会误导公众,认为公益就是理所当然的"付出与奉献",将公益置于"道德高台"之上,实际上这对基金会的专业化发展极为不利。所以,在这种情况下,很多基金会只能"另辟蹊径",通过其他途径如通过业务主管单位或主要捐资方来提供人员工资支出与行政办公支出,最终表现出来该比例确实很低,但可能导致基金会对业务主管单位或主要捐资方的依赖,独立自主性受到影响,也不利于维持基金会自身的可持续运作。另外,从公信力的角度,这种方式其实也不利于建构基金会的公信力,因为这种运作方式下基金会的透明度实质上是不足的,公众在看不到人力和行政成本的情况下反而可能会产生质疑。

那究竟怎样的比例合适呢?基金会向捐赠方展现其公益资金的使用情况,捐赠方据此来判断资金使用是否合理及是否愿意资助,这就是公开透明的真正用意所在。公益领域如同市场一样,有着多种多样的社会需求,也有着不同成本比例、不同规模、不同领域、不同风格的基金会。社会可以通过自己的捐赠来"投票"选择不同的基金会,支持自己认为"成本合理"的组织或项目,甚至自己成立一家非公

---

① http://www.bbb.org/us/standards-for-charity-accountability/.
② 国内基金会处于起步阶段,大都以自身运作项目为主,通过对运作的探索逐渐转向资助型。

募基金会进行"合理运作"。社会公众可以通过这种社会选择来肯定好的,否定差的,即使出现一两家差的组织也不至于引起社会对整个行业的质疑。相反,如果不分具体情况,只以行政、人力成本的高低来判断基金会的优劣,可能达到的效果并不是捐赠方所期待的高效完美,而是公益效率降低,必然发生的公益成本无法做到透明而导致公信力受损。捐赠方理性的认识和选择,是帮助基金会健康发展的重要力量。

最后需要指出的是,近年来基金会领域正经历着"翻天覆地"的变化,其变化之巨、速度之快,需要人们以一种更为理性、全面及专业的眼光来审视基金会近几年的发展历程。过于片面地去看待一些基金会发展过程中的表面现象,无益于促进整个基金会行业的发展。

另外,整个基金会领域正在发展起步的初期,人们从各行各业进入公益领域,绝大多数都秉承着服务社会、实现自我的公益理念。在起步初期必然会面临种种困难,必然或多或少表现出不足,但这只是暂时的和局部的。整体上,基金会正在快速发展、不断完善着,并开始扮演社会服务的提供者、社会和谐的"催化剂"、社会创新的引领者等角色,需要人们的理解和支持。

附录 境外基金会代表机构

表47 境外基金会代表机构列表

序 号	名 称
1	李嘉诚基金会(香港)北京办事处
2	香港顺龙仁泽基金会顺德代表处
3	半边天基金会(美国)北京代表处
4	中华孤残儿童基金会(美国)北京办事处
5	比尔及梅琳达·盖茨基金会(美国)北京代表处

续表

序 号	名　称
6	梅里埃基金会(法国)北京代表处
7	世界健康基金会(美国)北京代表处
8	中国－默沙东艾滋病基金会(美国)北京代表处
9	威廉·杰斐逊·克林顿总统基金会北京代表处
10	唐仲英基金会(美国)江苏办事处
11	应善良福利基金会(香港)上海办事处
12	中华爱心基金会(香港)北京代表处
13	世界自然基金会(瑞士)北京代表处
14	世界经济论坛北京代表处
15	能源基金会(美国)北京办事处
16	中华浩德国际基金会(美国)北京代表处
17	保护国际基金会(美国)北京代表处
18	新希望基金会(香港)北京代表处
19	美国中华医学基金会北京代表处

分报告
Sub-Report

2011年北京市基金会发展报告

摘　要：北京市基金会指在北京市民政部门登记的地方性基金会。近年来，北京市基金会发展迅速，一方面，呈现与全国大部分东部地区一致的特点：非公募基金会数量迅速增长，捐赠收入成为主要的收入来源，行政和人员支出较低，整体上缺乏专业化队伍等；另一方面，北京市基金会也有较为鲜明的地区特色：文化艺术类和研究类基金会开始发展起来，一些基金会立足于北京，支持全国各地尤其是西部地区的发展，其中一部分是在社会化轨道上运作的专业组织等。本报告从数量、公益项目、资产、收支、人员、信息公开等维度对2011年北京市基金会的发展现状进行分类呈现。

关键词：北京市基金会　数量　收支规模　人员团队

一 基金会数量分布

1. 非公募基金会迅速发展

截至2011年底,北京市共登记基金会185家,除去那些休眠待注销的之外,尚有177家。177家基金会成立的时间不同,其中2004年后成立的较多,占半数以上。从表1可以看出各基金会的成立年份。其中最早的基金会成立于1984年,之后,基金会数量缓慢增加。直到2004年后,基金会数量迅速增多。

表1 基金会的成立

单位:家,%

成立年份	公募	非公募	成立数量	百分比
1984	1	0	1	0.56
1985	1	0	1	0.56
1988	1	0	1	0.56
1989	0	2	2	1.13
1992	4	3	7	3.95
1993	0	4	4	2.26
1994	2	2	4	2.26
1995	1	1	2	1.13
1996	5	1	6	3.39
2001	1	1	2	1.13
2002	0	4	4	2.26
2003	1	0	1	0.56
2004	0	4	4	2.26
2005	2	12	14	7.91
2006	2	9	11	6.21
2007	2	9	11	6.21
2008	2	14	16	9.04
2009	3	15	18	10.17
2010	6	33	39	22.03
2011	2	27	29	16.38
总计	36	141	177	100.00

注:2004年之前基金会没有公募、非公募之分,2004年之后,所有之前成立的基金会重新换证登记,并划分类型。

从图 1 可见，2004 年之后（包括 2004 年）增长最多的是非公募基金会，其中包括企业、个人发起设立的等。2004 年后成立的基金会占基金会总数的 69.5%。非公募基金会的崛起说明社会力量逐渐苏醒，借助基金会浮现出来。

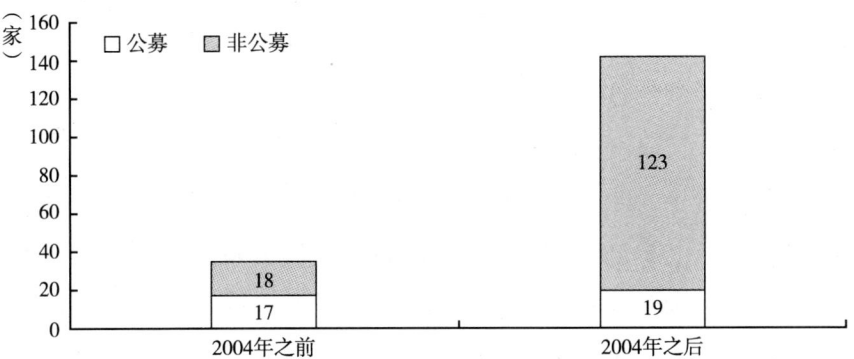

图 1　2004 年前后基金会的发展

2. 民政部门在基金会发展中具有重要作用

截至 2011 年底，北京市 177 家基金会分别由 37 家业务主管单位主管，主管超过 5 家以上基金会的业务主管单位见表 2 所示。

表 2　不同业务主管单位主管基金会的数量

单位：家，%

业务主管单位	数量	占比	累计百分比	2004 年前	2004 年后
北京市民政局	46	25.99	25.99	1	45
北京市教育委员会	27	15.25	41.24	5	22
北京市科学技术协会	23	12.99	54.24	1	22
北京市文化局	18	10.17	64.41	4	14
北京市社会科学界联合会	11	6.21	70.62	1	10
北京市文学艺术界联合会	6	3.39	74.01	2	4
北京市卫生局	5	2.82	76.84	2	3

民政局主管的基金会大多是慈善类基金会。这种类型的基金会最多，占总数的25.99%，其次是教委、科协和文化局等。教委主要主管高校成立的教育基金会，科协主管的基金会以研究类为主，文化局主管基金会以艺术文化类为主，社科联和文联主管的基金会以研究类、文化艺术类为主，卫生局主管的基金会以医疗卫生及相关研究类为主。可见，在北京登记的基金会除了慈善类基金会是主流外，研究类和文化类基金会也开始崛起。慈善类基金会占主流是全国基金会目前发展的特点，而研究类基金会数量较多则是北京十分独特的特点，这也与北京本身的社会文化状况有关，不仅仅在社会上存在着文化和研究的需求，也有足够多的社会资源愿意支持北京的文化及研究的发展。

同时，大部分业务主管单位主管的基金会数量是在2004年之后才逐渐增多的。这与政策及业务主管单位本身的开放程度、管理方式有关，尤其是北京市民政局主管的基金会数量在2004年前后的对比十分明显。于是，北京市民政局在北京公益慈善事业发展中的特殊作用凸显出来。一方面，在社会组织寻找业务主管单位遇到困难的时候，民政部门能够承担起这一职责，并开辟"绿色通道"，给社会一个机会；另一方面，它们作为业务主管单位，在基金会的实际运作中也发挥了一定的作用，引导鼓励更多的提供慈善公共产品、服务民生的基金会进入社会，满足社会需求。

3. 文化、研究类基金会也开始"异军突起"

表3展现了基金会所在行业的信息。其中，"其他"类仍旧是最多的，选择"其他"的基金会可能是综合性组织，也可能不属于上述领域，或者是两种杂糅在一块，如以教育为主体的农村发展型基金会就较难归类。看来，对于基金会的功能类型需要作进一步的修改完善，把那些慈善、综合等类型的基金会分离出来，但这个分类本身就一直是个难题。

表3 不同行业领域基金会数量

单位：家，%

类型	公募		非公募		合计	
	数量	百分比	数量	百分比	数量	百分比
教育	4	11.11	44	31.21	48	27.12
文化	6	16.67	22	15.60	28	15.82
社会服务	4	11.11	13	9.22	17	9.60
卫生	0	0.00	11	7.80	11	6.21
科学研究	0	0.00	9	6.38	9	5.08
生态环境	3	8.33	3	2.13	6	3.39
体育	2	5.56	2	1.42	4	2.26
法律	1	2.78	1	0.71	2	1.13
农业及农村发展	0	0.00	1	0.71	1	0.57
其他	16	44.44	35	24.82	51	28.81
总计	36	100.00	141	100.00	177	100.00

显然，略低于"其他"类的就是教育类，其次是文化类和社会服务类。教育类基金会以高校教育基金会为主，此外还有一些是社会成立的慈善类的基金会，帮助弱势儿童群体获得平等的教育机会。同时，社会服务类基金会逐渐兴起。这是公共服务社会化、社会管理兴起的一个整体趋势。所以，开展社区服务的基金会也逐渐多了起来。而基金会的行业分布实际上与社会的发展紧密相关，是社会的一面镜子，能够看到现在人们关注什么，有怎样的需求，社会发育状况如何。

与其他地区不同的是，北京资助文化和科学研究的基金会也很多。这种行业分布状况或许与北京市是首都这一特点有一定的联系。作为国家的文化、教育中心，高校基金会及文化学术类基金会往往在北京市注册，故这两类基金会占据很大的比例。

另外，从公募基金会和非公募基金会的对比中可以发现，在教育领域非公募基金会明显多于公募基金会。另外，在卫生、科学研究领域，也均是以非公募基金会为主导。相比之下，公募基金会在生态环境、体育以及其他（可能是综合）行业领域比例比较高些。在文化领域和社会服务领域，两者比例相当，且比例都不低。从这个视角上也能够看出来以社会力量为主的非公募基金会关注的领域和公募基金会还是存在着一定的差异。

二 基金会公益项目情况

1. 多元的格局

基金会的核心产品是公益项目，但除了项目的规模之外，很难用量化的指标来呈现立体、丰富的项目本身。这里仅介绍基金会项目的总体概况。

2011年的数据显示，北京市基金会运作了975个公益项目，参与人次为735万人次，其中政府购买服务的资金为552万元。基金会的项目分布地区广阔，不仅局限于北京，还包括新疆、西藏等全国各地省区，连西部贫困地区都有涉及。

另外，服务民生项目也逐渐凸显出来，很多基金会开始在社会服务领域"崭露头角"，发挥力量。一共有78个基金会开展了122个服务民生项目，涉及金额总量为9669万元，其中资金构成包括：政府购买131万元，政府补助资金80万元，社会捐赠5660万元，基金会自有资金2852万元和实物折合946万元。可见，目前真正由政府购买或补助的资金并不多，政府购买更多的是进行方向上的引导和给基金会一个更好的运作"名分"。最终呈现这样的局面：基金会在少量政府购买或政府补助资金的支持引导下，吸引社会资金注入服务民生领域，切实服务于多元的社会群体。

同外省市相比，北京市的基金会在类型上更加多元，尤其是新成立的基金会，能够针对不同领域、不同人群的社会需求，开展公益活动，表达了更加多元的公益需求。北京市的基金会基本上覆盖了大部分社会需求,无论基本的扶贫助学、医疗救治、环境保护还是法律援助、艺术交流、学术研究等,都有涉及。在大多数需要社会资源支持的地方,都可以看到这些基金会活动的身影,它们不仅仅承担着会集社会公益资源的功能,更多的是充分利用这些资源开展实际的行动,倡导某种公益理念,引起社会对该领域的关注,推动社会进步。

2. 广泛开展涉外活动及国际交流

2011年,一共有20家基金会开展了涉外活动和国际交流项目,调动境外经费1333万元、境内经费408万元。其中除了基本的慈善救助(如角声关怀基金)、环保(如阿尔斯通环保生态林)之外,还涉及教育研究〔牛津大学(奥利尔学院)法律暑期班奖学金项〕、文化交流(如"中法艺术对话展""紫禁卢浮文化行走")等方面的项目。这些项目从各个角度以民间的方式来开展对外交流,促进不同文化之间的互动融合,以一种民间的、社会自发的方式来增进城市与城市甚至国家与国家之间的友好关系。

三 基金会的资产情况

1. 少量的原始基金撬动大量社会捐赠

表4是北京市基金会原始基金情况。大部分基金会是以最低原始注册资金注册,超过500万元的基金会不多。半数以上的公募基金会和非公募基金会的原始基金分别是200万元和400万元。

表5则是177家基金会的原始基金情况,可以看出,北京市基金会原始注册资金总额约为6.06亿元,比上一年度增长15.65%,公募基金会平均值在500万元左右,非公募基金会在300万元左右,低于公募基金会。

表4　基金会原始基金分布

金额（万元）	公募（家）	非公募（家）	合计（家）	百分比（%）
200	0	111	111	62.71
210	0	4	4	2.26
230	0	2	2	1.13
235	0	1	1	0.56
250	0	1	1	0.56
300	0	6	6	3.39
400	30	2	32	18.08
418	1	0	1	0.56
460	0	1	1	0.56
500	3	5	8	4.52
510	0	1	1	0.56
800	0	2	2	1.13
1000	1	2	3	1.69
2000	0	2	2	1.13
3000	1	0	1	0.56
5000	0	1	1	0.56
总　计	36	141	177	100.00

表5　基金会原始资金情况

单位：万元

类型	总数	平均数	最大值	最小值	中位数
公募基金会	17918	497.72	3000	400	400
非公募基金会	42655	302.52	5000	200	200
合　计	60573	342.22	5000	200	200

北京市基金会拥有的原始基金总额并不大，仅约为6.06亿元，但是北京市基金会却拥有26.58亿元的年末总资产，同时在2011年吸引了12.88亿元的捐赠收入，发生9.65亿元的公益支出。也就是说，整体上看，北京市基金会每年的捐赠收入约是原始基金的212.54%、年末资产的48.46%，其每年的公益支出是原始基金的

159.24%，年末资产的36.31%，捐赠收入的74.92%。原始基金仅是基金会开展社会公益活动的基本底线，一些活跃的基金会的资产、收入、支出可能是原始基金的几倍甚至数十倍。

2. 总资产情况：大学基金会拥有资产优势

从表6可知，北京市基金会总资产为26.58亿元，平均每家基金会的资产为1518.73万元，而资产最多和最少的基金会均是非公募基金会。

表6 北京市基金会总资产情况

单位：万元

类别	总数	平均数	最大值	最小值	中位数
公募基金会	72675.6	2018.77	6272.4	400.2	1219.05
非公募基金会	193102.6	1389.23	24350.4	13.9	400.27
合　计	265778.2	1518.73	24350.4	19.6	547.43

注：有效数据为175家基金会。

非公募基金会两极分化情况较为严重，很多高校教育基金会的资产在千万元以上，运作较好的基金会资产达到上亿元。很多捐款来源单一、原始资金量不多的非公募基金会的资金量就很容易低于200万元，尤其是新成立的企业基金会。

表7更加清晰地展现了不同资产范围内基金会的数量。很明显，资产集中在200万~500万元的基金会最多，达到35.43%。可见，基金会并没有大规模地发展成为"航空母舰"式的机构。很多基金会刚成立，处于探索阶段，规模并不大。虽然规模大的基金会往往能够覆盖更多的群体、有着更广泛的社会影响力，不过规模只是基金会的一个方面，并不一定能够代表基金会开展公益项目真正的社会效果。

表7 北京市基金会总资产情况分布

分布区间(万元)	数量(家)	百分比(%)	累计百分比(%)
(0~200)	18	10.29	10.29
[200~500)	62	35.43	45.71
[500~1000)	31	17.71	63.43
[1000~2000)	22	12.57	76.00
[2000~5000)	31	17.71	93.71
[5000~10000]	8	4.57	98.29
>10000	3	1.71	100.00
总计	175	100.00	—

注：有效数据为175家基金会。

此外，资产超过1亿元的北京基金会有3家，全部是学校成立的教育基金会，这与全国基金会的发育情况一致。教育基金会主要接受社会对学校的捐赠及奖、助学金等，尤其是名牌大学的教育基金会，其自身品牌和众多的校友能够带来较多的大额捐赠，成为非公募基金会之中整体资金实力雄厚的一股力量。近年来，高校基金会逐渐兴起，成为非公募基金会之中特征鲜明的重要组成部分。

3. 资产分类：流动资产占主体

基金会的资产分为流动资产、长期投资、固定资产、无形资产和委托代理资产。其中，流动资产占最大比例，其次是长期投资，固定资产较少，无形资产和委托代理资产几乎为零。一般来说，基金会主要的职责在于公益资金的筹集与使用，故主要集中在流动资产方面，尤其是在发展初期，基金会组织建构尚未完善，其固定资产、无形资产等较少，或者部分是由发起机构捐赠的。

所以，如表8所示，基金会流动资产占基金会总资产的94%，固定资产很少，很多基金会的固定资产均是由出资方捐赠或者无偿提供使用的，69家基金会的固定资产为0，占基金会总数的39%。同时，基金会的长期投资也不多，仅有25家基金会（14%）进行了投资，最多的投资为2500万元。基金会的无形资产和委托代理资产几乎可以忽略不计，可见基金会处于发展初期。基金会最大的特征就在于进行大规模的公益资金流动，活跃在公共服务领域，所以其他类型的资产一般较难占据绝对主导的份额。

表8 北京市基金会资产分类情况：分类1

单位：万元

项目	总数	平均数	最大值	最小值	中位数	备注
流动资产	249826.1	1427.58	24229.7	0.00	519.01	2家年底成立的为0
固定资产	4453.7	25.45	1191.5	0.00	0.90	69家为0
长期投资	11327.4	64.73	2500.0	0.00	0.00	152家为0
无形资产	171.1	0.98	158.8	0.00	0.00	172家为0
受托代理资产	0.0	0.00	0.0	0.00	0.00	177家为0

注：有效数据为175家基金会。

另外，从负债分类看，基金会的资产又分为负债合计与净资产合计。净资产是指总资产减去负债后的余额，其中受到资产提供者或者国家有关法律、行政法规所设置的时间或用途限制形成的净资产为捐赠性净资产，除此之外则是非限定性净资产。

从表9可知，基金会的负债合计并不多，占总资产的9%，且全部为正值。基金会主要资产为净资产。基金会的非限定性净资产比重高于限定性资产，二者的比例分别为61%和30%。从基金会的数量上看，大部分的基金会有非限定性净资产，而有限定性资产的基金会实际上并不多，其可能是限定了捐款的项目、用途，也可能是限定了捐款的使用时间。可见，按项目进行募捐的基金会并不是很多，很多基金会接受的社会捐赠并没有明显的倾向性，也可能其并不是通过项目来吸引资源。

表9　北京市基金会资产分类情况：分类2

单位：万元

项　目	总数	平均数	最大值	最小值	中位数	备　注
非限定性净资产	162647.4	929.41	19819.97	-299.29	326.01	5家为0,1家负值
限定性净资产	79216.6	452.67	16582.90	-785.11	0.00	97家为0,2家负值
负债合计	23914.3	136.65	3597.08	0	1.10	52家为0

注：有效数据为175家基金会。

四　基金会的收入与支出

1. 基金会收入情况

（1）收入情况：近九成收入来源于捐赠

2011年，北京市基金会的总收入为14.48亿元，平均每家基金会为827.43亿元。在基金会的收入中，88.90%为捐赠收入，占收入的大部分，其他收入的总和为10%以上。有25家基金会没有捐赠收入，它们多为新成立的基金会。大部分基金会没有或者很少有其他类型的收入。有2家基金会存在会费收入[①]，25家基金会存在提供服务的收入、1家基金会存在商品销售收入、23家基金会享有政府补助、25家基金会获得了投资收益。

这样的格局也符合基金会作为公益法人主体的特征。基金会的性质决定了其要依靠公益项目获得社会捐赠，其运作资金主要通过捐赠。从一定意义上说，应鼓励基金会多"开源"，如获得合理的投资收益等。但基金会毕竟不是企业，也不是事业单位，基金会的主要业

[①] 会费收入存在于社团法人收入结构中，一般情况下基金会没有会费收入，这里可能有某些基金会会计核算方式的问题。这两家基金会是北京光华慈善基金会、北京茅以升科技教育基金会。

务就是运作公益项目，主要通过公益项目进行社会化筹资即可满足其运作需求。

表10 北京市基金会各类收入情况

单位：万元，%

项目	总数	占总收入比例	平均数	最大值	备注
捐赠收入	128777.8	88.91	735.87	11656.67	25家为0
提供服务收入	4401.1	3.04	25.15	1330.72	152家为0
商品销售收入	54.8	0.04	0.31	54.81	176家为0
政府补助收入	5586.9	3.86	31.93	1750.71	154家为0
投资收益	1702.5	1.18	9.73	718.04	152家为0
其他收入	4322.9	2.98	24.70	810.78	15家为0
总收入	144846.0	100.00	827.69	12467.4	6家为0

注：数据来源于审计报表中的业务活动表，存在2个缺失值。

对某些基金会来说，捐赠收入之外的其他类型收入也可能占据主导位置，这与国内基金会的发展现状相对应。大部分慈善类基金会容易吸引眼球，尤其是儿童、教育等类型容易获得社会的广泛捐赠。但对于一些文化类基金会，如推广西方古典音乐艺术的基金会，就可能要依赖政府支持，甚至有一些基金会完全依赖政府每年千万元以上的补助支持。这类基金会在中国还很难开拓公益"市场"，且成本较高，实际上，社会对这类基金会是存在着需求的。所以，在某些领域，如艺术领域，在无法实现国外同类型基金会主要靠商业赞助或者社会个人捐赠来运作的情况下，由政府投入来培育整个行业是可行的。

（2）以境内、法人现金捐赠主导的捐赠格局

基金会2011年的捐赠收入总和为12.88亿元，其中大部分来源于境内法人的现金捐赠，这与西方国家以个人捐赠为主导的格局存在很大的差异。基金会接受捐赠收入两极分化严重，半数基金会接受捐

赠在200万元以下,而部分基金会接受捐赠超过5000万元,少数几家达到1亿元以上。

在自然人和法人维度上,捐赠总额的77.27%来自法人,少部分来自自然人。可见,法人捐赠占主导地位。与西方国家已经成熟的公益慈善捐赠相比,我国个人捐赠比较薄弱。目前,我们离全民公益的时代还有很大的距离,很大一部分社会公众还没有被动员起来,反而是企业等法人占据了主导地位。同时,我们也能看出未来公益事业的发展方向,即调动更广泛意义上的社会参与。

另外,大部分捐赠收入来自境内,来自境外捐赠的收入仅占2.91%。

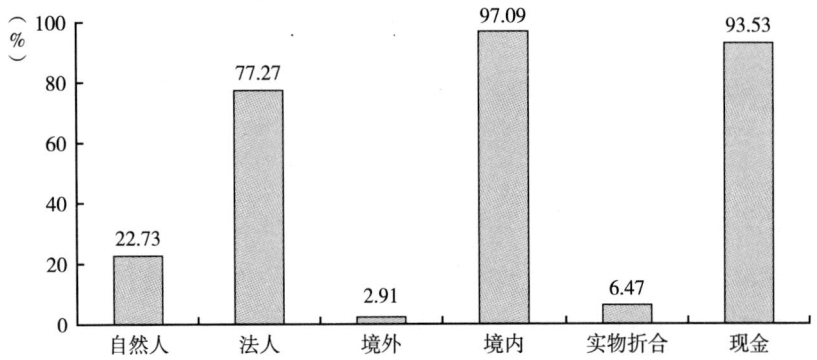

图2 基金会捐赠收入形式

最后,基金会接受的捐赠大多是现金的形式(93.53%),实物捐赠很少。这与国内其他地区的捐赠形式相一致。

2. 基金会支出情况

(1)行政办公及人员经费不足5%

从表11可以看出,基金会公益支出占总支出的比例达到95.38%,占绝对主导的位置,而人员工资福利和行政办公支出的比例均不高,各占1%有余。在人员工资福利中有83家基金会数据为 0，除了新成立的基金会之外，其该部分经费有可能来源于发起方或者资助方不通过基金会的直接提供。

表 11　基金会三类支出情况

单位：万元，%

项　目	总　数	占总支出比例
公益支出	96519.74	95.38
人员工资福利	1546.80	1.53
行政办公支出	1570.34	1.55
其他支出	1557.15	1.54
总支出	101194.04	100.00

注：存在 2 个缺失值。

这种情形并不一定可取，尤其是完全由发起的政府部门主导或者是单独一家企业发起成立的基金会，若对发起的政府部门或是出资的企业形成了强烈的资源依赖，就可能会受到行政力量或者是资金资源的控制。若基金会没有和发起资助方理顺关系，这可能会影响基金会的自主运作，使得基金会脱离社会化运作的既定轨道，无法瞄准真正的社会需求，甚至基金会员工本身对自己的定位也很难准确把握。基金会需要一定的运作成本，需要脱离某些主导控制力量之外的自主运作空间，这样才能进入专业化、社会化运作的轨道上。

（2）公益支出

从表 12 可以看出基金会公益支出的分布情况。

少数 2011 年底成立的基金会暂时没有公益支出，约 1/5 的基金会公益支出在 50 万元以内，这部分基金会活力较差，运作一到两个项目，基本处于"保活"状态。1/4 左右的基金会的公益支出为 50 万~200 万元，这类基金会一般情况下强于新成立的基金会，其或许是本身的公益项目不需要大额的资金，或许并没有出现在合格线上挣扎的情况。

表 12　基金会公益支出分布

公益支出区间(万元)	数量(家)	百分比(%)	累计百分比(%)
0	13	7.43	7.43
(0~50]	36	20.57	28.00
(50~100]	24	13.71	41.71
(100~200]	21	12.00	53.71
(200~500]	40	22.86	76.57
(500~1000]	17	9.71	86.29
(1000~5000]	21	12.00	98.29
(5000~10000]	3	1.71	100.00
总　计	175	100.00	100.00

注：存在2个缺失值。

公益支出在200万~500万元的基金会比较多，占据约23%的比例，这类基金会已经表现出较强的活力。公益支出在500万元以上的基金会要么本身就拥有较多的资源，要么社会化运作比较成熟。

公益支出在5000万元以上的主要是高校成立的教育基金会、大型的公募基金会等。这两类基金会群体实质上存在较大的差异，并不是所有的这两类基金会都有这么大的规模，其中，部分有自主运作空间和活力的基金会在发展过程中"突围"出来，凭借着品牌及社会网络获得较多大额的社会捐赠。

第一，公募基金会的公益支出比例。《条例》规定，"公募基金会每年用于从事章程规定的公益事业支出，不得低于上一年总收入的70%"。从表13可以看出，大部分公募基金会均满足这一要求。同时，有近半数的公募基金会公益支出比例占上一年总收入的70%~100%，属于平稳发展的状态。还有三成的公募基金会公益支出比例为100%~200%，表明它们处于较快发展的状态之中，业务量逐渐增多和活跃。

表13 公募基金会公益支出占上一年总收入比例

比例范围(%)	数量(家)	百分比(%)
[0~70)	2	5.56
[70~100)	17	47.22
[100~200)	11	30.56
[200~500]	1	2.78
>500	1	2.78
缺 失	4	11.11
总 计	36	100.00

注：缺失值多为新成立的上一年未参加年检的公募基金会，其中2家2010年底成立，2家2011年成立。

对于公募基金会，并不是公益支出比例越高越好。有两家基金会这一比例达到200%以上，甚至超过了500%，这两家基金会都是"吃老本"的基金会，其比例高的原因是基金会在上一年度（2010年）几乎没有任何收入。对于上一年"零收入"的基金会来说，达到高比例是轻而易举的事。

另外，即使基金会上一年有一定规模的收入，从可持续发展的角度，我们并不认为这个比例一定越高越好。比例越高，如公益支出是上年总收入的2~3倍甚至是5倍以上，有可能造成当年公募基金会的收支不平衡，给来年的公益支出造成很大的压力。

所以，应该综合基金会整体发展情况来分析公益支出比例所代表的真实含义。

第二，非公募基金会公益支出比例。《条例》规定："非公募基金会每年用于从事章程规定的公益事业支出，不得低于上一年基金余额的8%。"从表14看出，所有的非公募基金会均满足这一要求，且大部分非公募基金会公益支出比例为10%~20%，即每年大部分基金会都至少拿出其净资产的1/10进行公益活动。

表14 非公募基金会公益支出占上一年基金余额比例

比例范围(%)	数量(家)	百分比(%)
[0~8)	0	0.00
[8~10)	14	9.93
[10~20)	30	21.28
[20~50)	25	17.73
[50~100)	22	15.60
[100~200)	11	7.80
[200~500]	7	4.96
>500	3	2.13
缺 失	29	20.57
总 计	141	100.00

注：29家比例缺失的基金会为新成立的基金会，其中27家2011年新成立，2家2010年12月成立，尚未存有资金余额。

同时，一些非公募基金会的原始基金和基金余额都不高，很多以200万元注册的基金会基金余额都在300万元以内，每年所需的公益支出仅为二三十万元，所以，对于它们来说，达到一个很高的公益支出比例不是一件很难的事情。

有3家基金会的比例超过了500%，它们都是在2011年收到了大笔的捐赠并在当年把这笔捐赠花了出去。很多公益支出比例超过100%的基金会也是这个缘由，有些活力足的基金会，其原始基金和资产都不高，仅几百万元，但每年的捐赠收入和公益支出却都可能达到千万元的水平，超过上一年度基金余额。所以，并不是说基金会的原始基金多、总资产数额大，其运作规模就一定大，这只是相对的，更重要的是同时观察其捐赠收入和公益支出。

有时候，公益支出的金额本身也不能代表基金会所做的公益项目，有些公益项目不需要很大的资金，就可以起到非同凡响的社会效果，资金只是公益项目社会效果的评价维度之一。甚至，有时候取得了同样的社会效果，所花费的资金越多，反而说明资金的使用效率越低。所以，基金会最终产出的社会效果才是核心内容，而不是仅停留在"花了多少钱"这一表层。

（3）工资福利及行政办公支出

从表15看出，基金会工作人员的工资福利支出并不乐观，因为合理的工资福利才能很好地促进基金会行业人才的引进和发展。这种在关键成本上的资金严重不足对很多基金会的发展造成了很多阻碍。即使是一些发展成熟的基金会，也不得不面临着留不住人才的问题。

表15 基金会工作人员工资福利支出

工资福利支出（万元）	数量（家）	百分比（%）	累计百分比（%）
[0~5]	121	69.14	69.14
(5~20]	31	17.71	86.86
(20~50]	18	10.29	97.14
(50~150]	5	2.86	100.00
总　计	175	100.00	100.00

注：存在2个缺失值。

行政办公支出比人员工资福利支出略多，金额在5万元以下的基金会略少一些，其中部分基金会为2010年底新成立的基金会。目前，整个社会对于公益成本的概念了解甚少，尤其是在社会信任度低、存在少数公益丑闻的背景下，公益在公众眼中经常是奉献付出，更不用说还需要行政成本和人员工资。面对这样的局面，政府部门、专业机构和基金会本身均需要发出声音，推崇一种理性专业化公益的理念，尊重公益领域本身的发展规律。

表16 基金会行政办公支出

行政办公支出(万元)	数量(家)	百分比(%)	累计百分比(%)
[0~5]	113	64.57	64.57
(5~20]	38	21.71	86.29
(20~50]	20	11.43	97.71
(50~150]	4	2.29	100.00
总计	175	100.00	100.00

注：存在2个缺失值。

《条例》要求基金会工作人员工资福利支出及行政办公支出不得超出当年总支出的10%。从表17的数据可以看出，大部分基金会满足了这一要求，而很多是分布在5%以下甚至是2%以下和"零成本"的基金会。在公益领域，从业者待遇过低，很容易造成人才的流失或者是人员的固定性较差，而公益项目的专业性需要专业化的队伍来保障。目前的人员待遇情况不利于整个领域的可持续发展，已然成为基金会领域发展需要突破的一个瓶颈。

表17 工作人员工资福利和行政办公支出占总支出的比例

比例范围(%)	数量(家)	百分比(%)	累计百分比(%)
0	13	7.43	7.43
(0~2]	55	31.43	38.86
(2~5]	39	22.29	61.14
(5~10]	63	36.00	97.14
(10~15]	2	1.14	98.29
(15~50]	2	1.14	99.43
>50	1	0.57	100.00
总计	175	100.00	100.00

注：存在2个缺失值。

3. 资产、收入与支出的相关情况

报告通过观察总资产、总收入、捐赠收入、总支出、公益支出、人员工资、行政经费的相关度来分析目前北京市基金会发展的一些规律。

首先，总资产与工资福利及行政经费的相关度很低，远低于其他指标。同样，基金会的收入（总收入、捐赠收入）与工资福利、行政经费的相关度也很低。总支出、公益支出与工资福利及行政经费的相关度也是同样的规律。可见，资产、收入、支出多的基金会其工资福利与行政经费并不一定高，也就是说，那些员工和行政花钱最多的基金会并不是那些资产、收支最多的基金会。所以能够看出，的确可能存在着一些基金会拿着相对高额的工资和行政经费但运作不大规模资金的情况。

但更重要的是另一方面，基金会捐赠收入与总收入的提升，并不能使基金会将更多的资金用于员工工资福利与行政办公费用上。一个高收入、高支出的基金会也可能是以很低的成本运作。节约成本是好事，但过低的成本就成为当前公益组织的问题之一，结果导致公益组织很难吸引更专业的人员工作，使得基金会的专业性难以得到快速提升。

表18 收入相关指标的相关度

项目	总资产	总收入	捐赠收入	总支出	公益支出	工资福利
总资产	1					
总收入	0.8320***	1				
捐赠收入	0.8080***	0.9804***	1			
总支出	0.7780***	0.9232***	0.8873***	1		
公益支出	0.7784***	0.9298***	0.9036***	0.9991***	1	
工资福利	0.1817*	0.3430***	0.2197**	0.4590***	0.4416***	1
行政经费	0.2737***	0.3083***	0.1972**	0.4173***	0.3897***	0.6724***

注：$*p<0.05$，$**p<0.01$，$***p<0.001$。

五 基金会人员团队

1. 理事与监事

（1）理事与监事人数

理事会是基金会的决策机构，代表社会各方参与基金会的决策、监管过程。很多理事是来自社会某一领域的专家或者具有一定社会影响力的公众人物。北京市177家基金会一共1837名理事，平均每家基金会10.4名理事（见表19）。

表19 理事职务情况

单位：人，%

类型	理事长	副理事长	理事	秘书长	总计
公募	36	71	311	28	446
非公募	141	216	910	124	1391
总计	177	287	1221	152	1837
比例	9.64	15.62	66.47	8.27	100.00

注：存在部分缺失值。

理事中男性占74.51%，女性占25.49%，男性的数量约为女性的3倍（见图3）。其中大部分的理事为兼职，占88.39%（见图4）。

大部分基金会拥有1名理事长、1.6名副理事长、6.9名理事。一般情况下，秘书长专职负责基金会工作，理事长和副理事长也承担较多的日常管理工作任务，大部分理事参与理事会的决策及监管工作。

大部分理事没有在基金会领取任何报酬，这个比例高达95%，即使承担基金会具体工作的理事，其报酬也比较低，基本在5万元/年以下，仅有极少数理事的报酬在10万元/年以上。可见，

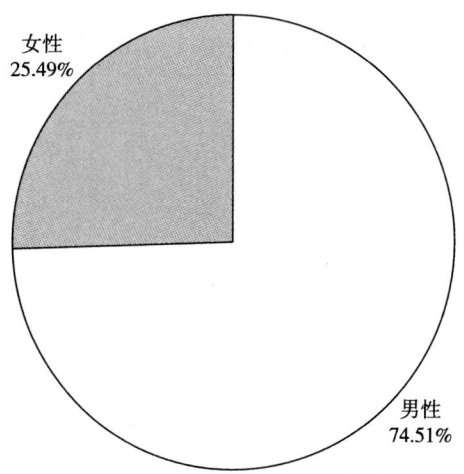

图 3　基金会理事性别情况

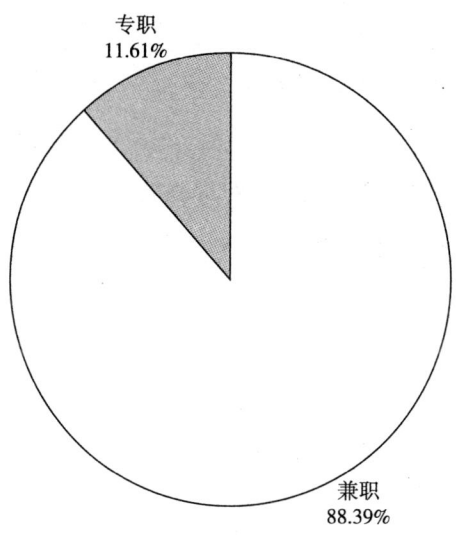

图 4　基金会理事专兼职情况

理事更多是一份"公益"性质的工作，理事基于社会责任感对基金会这一公益组织负责，所以，理事代表的并不是发起的政府部门或企业的利益，而是社会利益，应从社会利益最大化的视角进行决策。

表20 领取报酬理事情况

类　别	数量(人)	百分比(%)
无报酬	1753	95.17
1万元/年以下	21	1.14
1万~5万元/年	47	2.55
5万~10万元/年	13	0.71
10万元/年以上	8	0.43
总　计	1842	100.00

注：存在部分缺失值。

基金会监事的主要职责是监督理事会和秘书处的运作。北京市基金会监事一共310人，其中男性200人，女性102人（存在部分缺失值）。

（2）召开理事会次数

理事会是基金会的决策机构，《条例》规定，基金会每年至少要召开两次理事会。大部分基金会均满足2次的要求，且有23家基金会召开超过2次的理事会，最多的一家基金会，一共开了12次理事会。有30家基金会理事会次数不足2次，不足2次的基金会多为新成立的基金会。

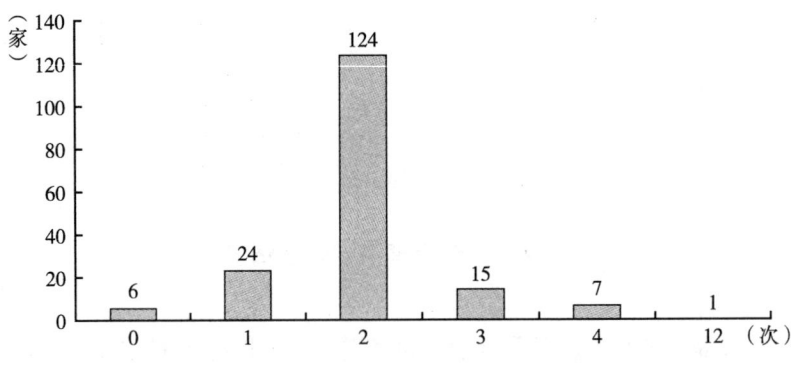

图5　基金会理事会召开情况

目前，基金会治理结构还位于探索阶段。《条例》仅从宏观角度确立了将理事会作为内部治理的核心机制，而如何实现理事会的独立决策、民主议事，仍然需要各基金会的探索实践。

理事的治理本质上是为了基金会能够摆脱来自各方面的控制，遵循特有的规律发展自己。这就对理事会提出了一定的要求：第一，理事本身有足够的自主性，具备足够的公共精神，站在公益的高度上来看问题，而不是由出资企业、政府或者个人等的利益所左右。第二，理事具备足够的专业性。公益是需要专业性的，理事会在决策的时候，需要理事的专业性视角，这个专业性可以是公益项目、政策、财务、管理、资产运作的一个或者几个方面的专业性，最终理事会的决策才可能是合理的。

在现实中，基金会理事可能在实质上成为基金会的"名誉理事"，并不关注及参与具体事务的治理，实际决策权可能由少数个人或利益群体所掌控。产生这一现状的原因主要有以下几个方面。

首先，部分理事会的理事是由组织推荐、个人介绍而加入理事会的。他们可能并不是代表社会来把握基金会的发展战略、制定决策，而是被执行层请来"挂名"的，实际中往往不假思索地通过理事会决议。其次，理事会的议题往往具有公共性，与理事个人的利益关联甚微，再加上中国人追求和谐的人情观，使得在讨论或决策时，许多理事倾向于避免争论和冲突，而不能真正运用专业知识或自身影响力为机构决策积极建言献策。最后，由于理事是兼职的，因此对基金会的具体运作情况并不十分了解，决策往往由执行层设计，再提交理事会表决。在这种情况下，理事会的实际决策主要依赖于执行层提供的建议。

需要说明的是，虽然理事会是基金会的最高决策机构，但能否使理事会真正发挥作用也很大程度取决于执行层的能力。不仅理事会要真正负起责任来，执行层也需要将理事会真正地纳入在日常的组织工作。同时，令人欣喜的是，目前已经有一部分组织注重理事会的作用，并开始实践理事会的治理。

2. 工作人员

基金会从业人员的总数为2044人（见图6），平均每个基金会11.55个人。其中有男性1139人，占总数的55.72%，女性905人，占总数的44.28%。在2044人中，兼职者占总数的61.30%，多于全职者数量，全职的工作人员为791人①，平均每个基金会仅为4.5人左右。其中，专职人员702人，平均每家基金会为3.97人。基金会从业人员中大部分的工作人员为京籍，一共1398人，占总额的68.40%，非京籍人员占总数的30.82%，有630人，另外还有境外工作人员16人（见图7）。在人员结构中，财务人员最多，每家基金会至少有1~2名财务人员，其他的专职人员因基金会类型的不同而有不同的职位，无统一标准，除秘书长职位外，主要是项目官员和行政类职位。

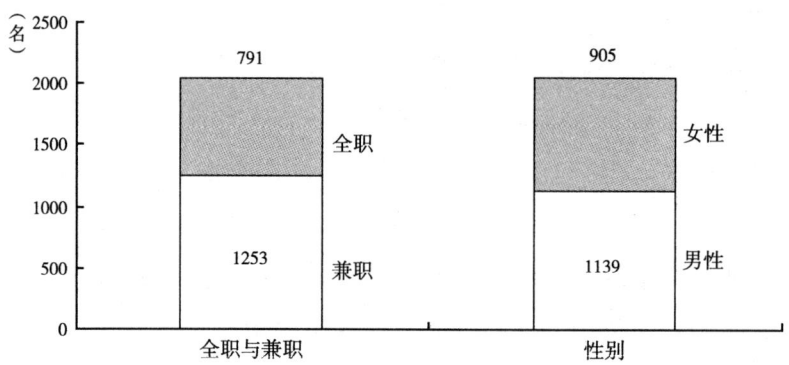

图6 基金会工作人员情况

工作人员中，大部分为本科及以上学历，占总数的78%。有174名工作人员为博士及以上学历，有389名工作人员为硕士，另外还有1033名本科生及305名大专生。可见，基金会领域是一个高学历人才比例较高的队伍（见图8），尤其是一些研究类的基金会，其运作很多都是由硕士及以上学历者进行的。

---

① 该数据来源于北京市基金会年检数据，全职包括专职人员和借调、离退休人员。

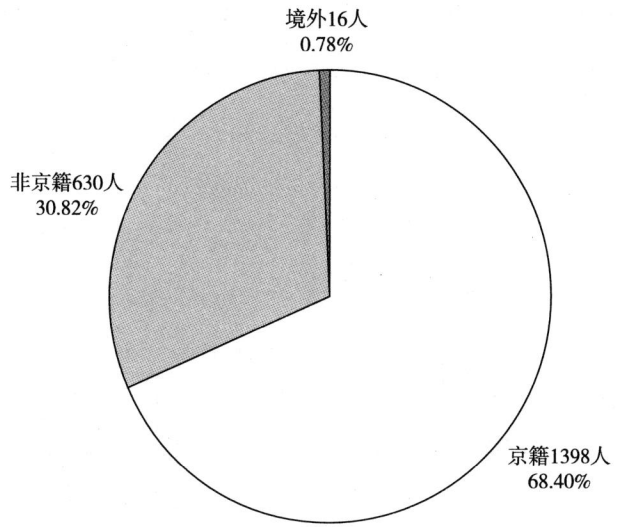

图7 基金会工作人员户籍情况

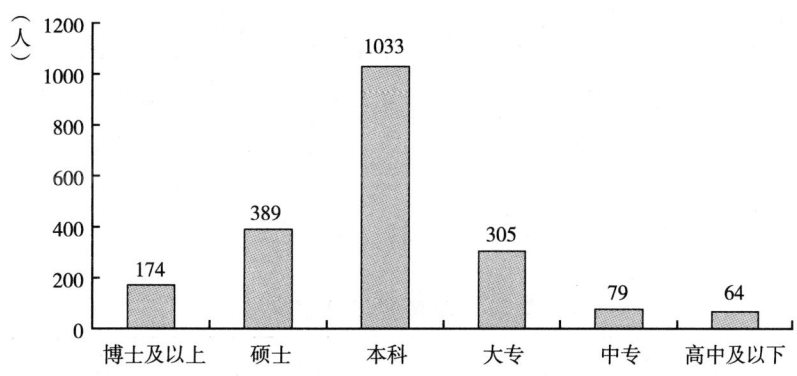

图8 基金会工作人员学历情况

在工作人员年龄结构中,以26~35岁、36~45岁及46~55岁这三个年龄段为主导(见图9),35岁以下的年轻人比例较前几年有逐渐增多的趋势,退休后从事基金会工作的人也不少。整体上,整个基金会队伍正在朝年轻化方向发展,基金会队伍更多的是充满活力的工作人员，即使是一些退休人员，也充满激情，准备在公益领域干出一番事业。

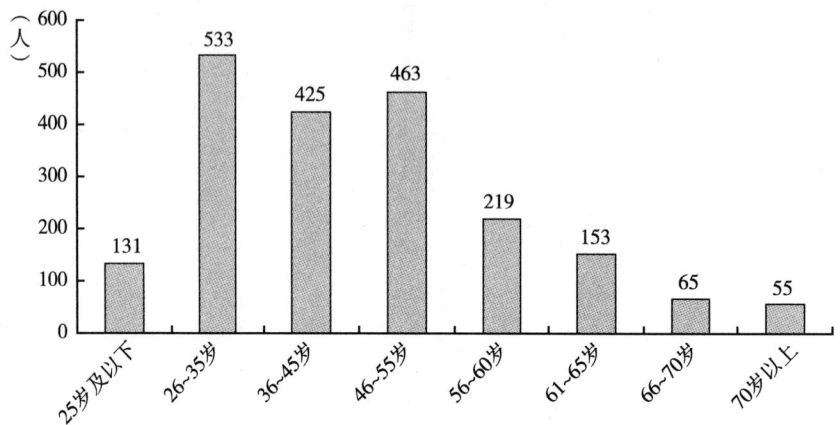

图9 基金会工作人员年龄情况

基金会执行的工资制度有以下几类：自定岗位工资、参照全额拨款事业单位工资、参照自收自支事业单位工资、参照差额拨款事业单位工资、参照行政机关工资。其中大部分基金会是自定岗位工资（见表21）。可见大部分基金会已经脱离或者不同于政府部门，进入一个新的运作体系中。

表21 基金会工资制度

执行工资制度	基金会数（家）	百分比（%）
自定岗位	100	73.53
参照全额拨款事业单位	11	8.09
参照自收自支事业单位	18	13.24
参照行政机关	4	2.94
参照差额拨款事业单位	3	2.21
总　计	136	100.00

注：一些新成立的基金会尚无工资制度。

因为一些专职工作人员是从企业等相关机构借调或者退休的人员，所以基金会员工拥有合同和五险一金的比例并不高。但相对于往年，这已经有了一定的进步，除了生育保险，其比例一般在60%左右（见表22）。员工工资福利是从业者的最基本生活保障，也是保障基金会可持续运作的关键因素之一。

表22 基金会员工合同与五险一金情况

项目	签订合同	失业保险	工伤保险	养老保险	医疗保险	生育保险	住房公积金
人数（人）	480	439	415	360	426	206	395
占专职人数比例（%）	68.38	62.54	59.12	51.28	60.68	29.34	56.27
每家基金会平均人数（人）	2.7	2.5	2.3	2.0	2.4	1.2	2.2

注：签订合同主要指与基金会签订合同，不包括退休、借调等情况。

六 基金会信息公开情况

1. 基金会网站建设情况

在年检报告中一共有99家基金会提供了相应的网络链接，占到所有基金会的55.93%（见图10），可见基金会的信息化建设已经开始在大范围展开，大部分基金会都开始注重自身的公开透明情况，进行公信力建设。未提供网络链接的基金会一部分为新成立的基金会，一部分为规模较小、涉及项目领域较偏的基金会。

不同领域的基金会其网站公开情况有所差异，环保类、社会创新与发展类、慈善类基金会设立网站的数量比例较高，学校的教育基金会也有很多有单独的网站或网页。而文化、艺术、体育类基金会设立网站的数量较少。在慈善、教育、环保领域，社会公众关注较多，其公开透明发展走在前列，故这些领域的基金会有较多的网站或者单独网页。

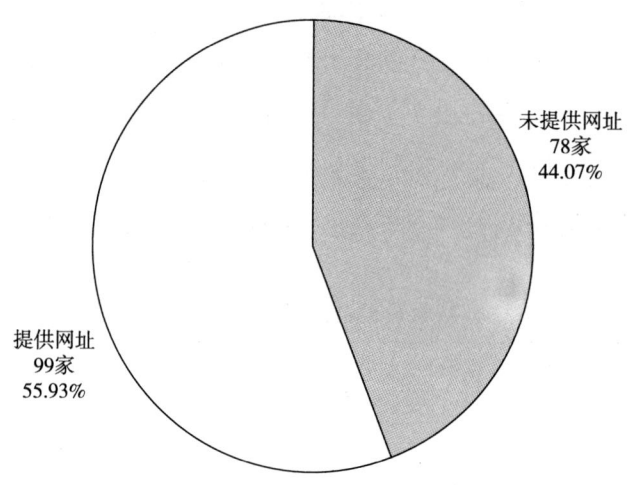

图 10　基金会提供网址情况

同时，基金会成立网站的情况与基金会的募款取向及社会化运作有一定的关系。社会化取向高的基金会，在追求社会公信力的过程中，会逐渐通过网站、刊物等途径加强与捐赠人的联系，同时也让更多的社会公众了解其运作动态。

2. 基金会刊物情况

有 144 家基金会（81.36%）没有任何刊物，有 32 家基金会（18.08%）有内部的刊物，有 1 家公募基金会（0.56%）有对外的刊物（见表23）。

从比例上说，公募基金会的办刊物的情况好于非公募基金会。公募基金会本身面向社会公众募集，它对公开透明的要求一般会高于非公募基金会。同时，非公募基金会很多是近两年才成立的，还处于探索发展的初期，且非公募基金会的资金来源相对稳定，也有更多特定的捐款人，故其可能更多的是对捐赠人的个性化反馈，而不是统一的刊物。

表 23　基金会刊物情况

单位：家，%

刊物情况	公募基金会		非公募基金会		总体	
	数量	占比	数量	占比	数量	占比
未举办刊物	26	72.22	118	83.69	144	81.36
内部刊物	9	25.00	23	16.31	32	18.08
对外刊物	1	2.78	0	0.00	1	0.56
总　计	36	100.00	141	100.00	177	100.00

从整体层面看，北京市基金会发展迅速，不仅在数量上和资金规模上取得了较大的增长，在项目的多元性、关注领域及覆盖地域的广泛性方面，在追求人员队伍的专业性、组织运作的规范性方面也在明显地向前"迈步"。本报告仅是从一些基础数据的层面来呈现北京市基金会整体宏观的格局，而深入细节之中便会发现，在这其中，每一家基金会都有着自己独特的发展轨迹，这些轨迹有相互重叠的部分，也有每家基金会各自创新的成分。很多基金会都在不同程度地阐释"社会化"和"专业化"的内涵，最终形成一个谱系，其中有走在前面十分卓越的机构，也有刚刚起步还在摸索的组织，它们共同构成了一个丰富多元的基金会"市场"，让更多的捐赠者、志愿者等群体在这个"市场"中进行选择和表达。

B.3
江苏省基金会发展模式：2005~2011

摘　要：江苏省基金会指在江苏省民政部门登记的地方性基金会。江苏省基金会从2005年底的42家增长到2011年底的376家，其数量为全国之首。同时，江苏省基金会发展也有着自身特点：公募基金会以见义勇为和民政慈善两个领域为主体；非公募基金会主要是教育类和慈善类基金会；出现了村级基金会这一创新的模式。报告将从数量、资产、收支等方面对江苏省基金会的发展模式进行呈现。

关键词：江苏省基金会　江苏模式　村级基金会

2004年《基金会管理条例》颁布实施以来，江苏省基金会呈现出迅速发展的态势。全省基金会数量从2005年底的42家，增长到2011年底的376家，年均增长率达到44.1%，是同期全国基金会数量年均增长率的2.7倍①（见图1）。2010年江苏省基金会总数突破300家，这被评选为当年全国"社会组织十件大事"之一。2011年江苏基金会数量与全国其他省市区相比，依然是遥遥领先的，占全国基金会总数的15%左右。全省基金会净资产从2005年底的4.38亿元，增长到62.13亿元，年均增长率接近70%。基金会平均净资产规模也翻了近一番，从平均1042万元增长到2004万元。根据《江苏省民政事业发展"十二五"规划社会组织管理子规划》的预测，在

---

① 全国登记基金会总数2005年底为974家，2011年底为2411家，年均增长率为16.3%。

"十二五"期间,江苏省基金会仍将维持年均10%以上的增长率,到2015年达到500家。

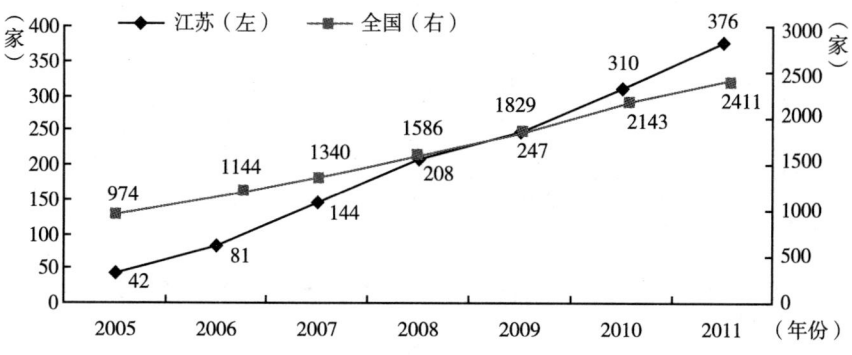

图1 全国及江苏省基金会数量比较(2005～2011年)

基金会的快速发展与江苏省积极培育引导、积极营造基金会健康发展的环境有密切关系。本文通过实地调研得到一手数据,分析江苏基金会的发展模式,总结江苏省在营造基金会规范有序发展环境方面的经验和做法,剖析当前发展环境存在的主要问题及影响因素。

一 江苏省基金会的发展模式

江苏基金会发展呈现鲜明的"江苏模式",其特点可以从两方面进行分析。

1. 基金会数量增长模式

(1)公募基金会稳健发展

2005～2011年,公募基金会数量从29家增长到161家(见图2),年均增长率为33.1%。公募基金会可以直接向社会公众公开筹款募捐,相应的登记条件更高,监管也更加严格。江苏省依据"成熟一类,发展一类"的思路,推动公募基金会稳健发展。

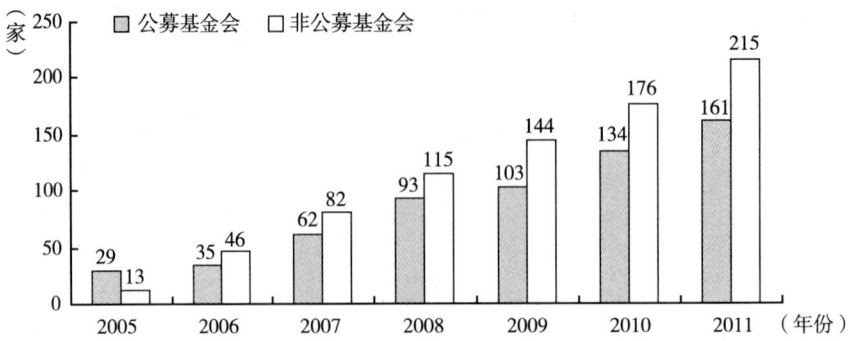

图 2　江苏省的公募基金会与非公募基金会（2005～2011 年）

(2) 非公募基金会后来居上，发展迅速

在我国，非公募基金会仍是一个新事物，是 2004 年国务院颁布的《基金会管理条例》带来的重要的制度和组织创新，为更多个人、企业成立的基金会以组织化形式参与社会公益事业提供了新渠道。非公募基金会在全国范围内快速发展，到 2011 年 10 月，全国非公募基金会数量超过了公募基金会数量。[①] 江苏省非公募基金会成立较早、发展更快，2006 年江苏非公募基金会数量已超过公募基金会（见图 2），年均增长速度达到 60%，全省企业、个人和其他民间社会力量对通过非公募基金会参与社会公益事业的积极性很高。

从资金规模上看，非公募基金会总体规模已经超过公募基金会，二者 2011 年年末总资产金额分别为 60.95 亿元和 31.32 亿元，平均资产规模分别为 2834.97 万元和 1945.37 万元。2011 年，非公募基金会捐赠收入达到 32.42 亿元，超过公募基金会的 10.36 亿元。在基金会总支出上，非公募基金会达到 15.18 亿元，公募基金会达到 5.83 亿元。

[①] 数据引自"中国非公募基金会发展论坛"的相关报道:《非公募基金会"闭门"讨论行业使命》，参见网站：http://www.cpff.org.cn/_d273036157.htm（2012 年 5 月 10 日访问）。

2. 基金会基本类型与分布状况

（1）以见义勇为和民政慈善两个领域为主体的公募基金会

江苏省公募基金会主要集中在见义勇为和民政慈善两个领域。这两个领域内的公募基金会数量占全省公募基金会总数的83.9%。其中，2011年底登记的161家公募基金会中见义勇为基金会为93家①，占57.8%；2012年3月见义勇为基金会数量达到100家，实现了全省范围县市全覆盖。省社会组织管理局按照国家民间组织管理局的精神，积极推进将慈善会纳入基金会管理的工作，至2011年底，登记各地公募慈善基金会共42家，占公募基金会总数的26.1%。

这两类基金会最早都由相关政府部门发起成立，发展过程中得到了业务主管部门省公安厅和省民政厅在政策支持、人事编制、业务开展上的大力支持，基金会运作过程半官半民色彩较强。公募基金会其他主要分布领域还包括助残（5家）、青少年（5家）、法律援助（4家）、扶贫（4家）、文化（3家）等。

（2）以教育和慈善为主体的非公募基金会

江苏省非公募基金会主要集中分布在教育和慈善两个领域。其中，教育类非公募基金会占非公募基金会总数的56.7%，省内高校实现了教育基金会全覆盖。慈善公益类非公募基金会占非公募基金会总数的22.3%，涵盖了大部分企业基金会。

非公募基金会在文化艺术（6家）、职业发展（4家）等领域也开始活跃。

（3）基金会发展呈现明显的区域不平衡

从表1可以看到，基金会发展往经济发达地区集中、往大城市集

---

① 根据江苏省社会组织管理局登记数据显示，截至2011年底，见义勇为基金会共94家，其中2011年8月登记成立的"南通市港闸区见义勇为基金会"登记为非公募基金会。

中，苏南地区基金会明显较发达。非公募基金会的集中趋势更为明显，基本上呈现出苏北地区以公募基金会为主导，苏南地区以非公募基金会为主导的格局。这表明非公募基金会发展与地方经济的发达程度有密切关系。

表1 江苏省基金会的区域分布

单位：家

区域	城市	非公募基金会	公募基金会	总数
苏南	南京市	77	33	110
苏南	无锡市	26	6	32
苏南	常州市	11	8	19
苏南	苏州市	34	22	56
苏南	镇江市	3	8	11
苏中	南通市	19	21	40
苏中	扬州市	6	6	12
苏中	泰州市	6	6	12
苏北	徐州市	4	11	15
苏北	连云港市	6	13	19
苏北	淮安市	8	10	18
苏北	盐城市	12	12	24
苏北	宿迁市	3	5	8

通过以上结构特征分析，可以看出，在基金会发展中，江苏已经基本形成了"政社协同"的局面，主要依托于体制内发展的公募基金会和以社会力量为主导的非公募基金会共同组成了一支积极服务于社会公益、参与推进江苏省"两个率先"[①]的社会力量。

---

① 即率先全面建成小康社会，率先基本实现现代化。

二 江苏省基金会的财务状况

1. 江苏省基金会原始基金数

江苏省基金会原始基金总额为 20.76 亿元，原始基金平均规模为 552.07 万元。其中，公募基金会原始基金平均规模为 546.17 万元，非公募基金会原始基金平均规模为 556.49 万元。三者均低于全国基金会原始基金平均规模。与全国平均水平不一样的是江苏省非公募基金会的原始基金平均规模已经超过公募基金会原始基金平均规模。

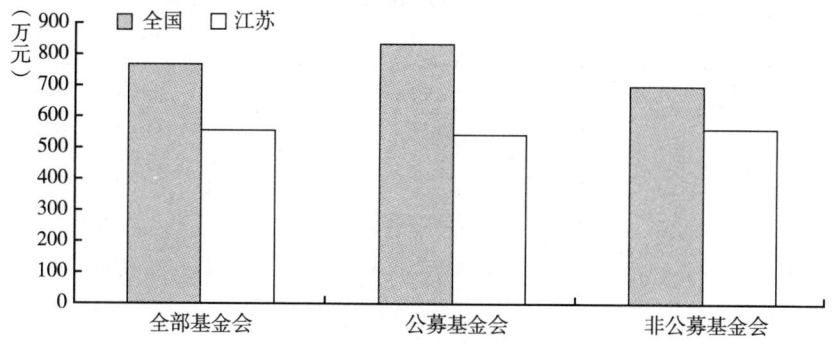

图 3 江苏基金会原始基金平均规模

江苏省基金会原始基金规模差异较大。原始基金过亿元的只有江苏海澜教育发展基金会 1 家。第 2 名是江苏省教育基金会，原始基金为 5100 万元。余下还有 6 家原始基金为 5000 万元。原始基金在 1000 万元及以上、5000 万元以下有 18 家。有 132 家基金会的原始基金为 400 万元。

2. 江苏省基金会年末总资产数

2011 年底，江苏基金会总资产为 92.27 亿元，每家基金会总资产平均规模达到 2454.05 万元，低于全国基金会总资产平均规模 3295.12 万元。其中，公募基金会 2011 年总资产平均规模为 1945.37

万元，非公募基金会总资产平均规模为2834.97万元。与原始基金相比，各类基金会总资产不论是总量还是平均规模均有大幅度的增长。

与全国情况相类似，江苏基金会总资产分布差异非常大。2011年底，总资产数最高的是南京大学教育发展基金会，其总资产达到了6.42亿元，总资产超亿元的基金会有19家，其中公募基金会只有2家，分别是爱德基金会和常州市见义勇为基金会，其他均是非公募基金会，其中大学教育基金会有15家。2011年底总资产排序中前十位大学基金会占了8家。

表2 2011年底总资产排名前十位的基金会

单位：万元

排 序	基金会名称	总资产年末数
1	南京大学教育发展基金会	64203.19
2	东南大学教育基金会	35157.92
3	苏州大学教育发展基金会	32232.78
4	南京金陵文化保护发展基金会	30529.39
5	爱德基金会	22448.90
6	南京航空航天大学教育发展基金会	21917.01
7	南京林业大学教育发展基金会	19769.56
8	江苏大学教育发展基金会	18654.83
9	南京信息大学教育发展基金会	18272.38
10	南京审计学院教育发展基金会	18068.09

3. 江苏省基金会的收入和支出情况

2011年，江苏基金会总收入为45.44亿元，总支出为21.02亿元。每个基金会的平均总收入和平均总支出分别为1208.46万元和558.97万元。每个公募基金会的平均总收入为754.35万元，平均总支出为362.35万元；每个非公募基金会的平均总收入为1548.52万元，平均总支出为706.21万元。

以总收入平均规模为例，江苏总体及公募基金会的总收入规模都低于全国平均水平，但非公募基金会总收入平均规模要略高于全国平均水平（见图4）。在公募与非公募对比上，江苏非公募基金会的优势比较明显，非公募基金会的快速增长对公募基金会的捐赠收入产生了较大影响。

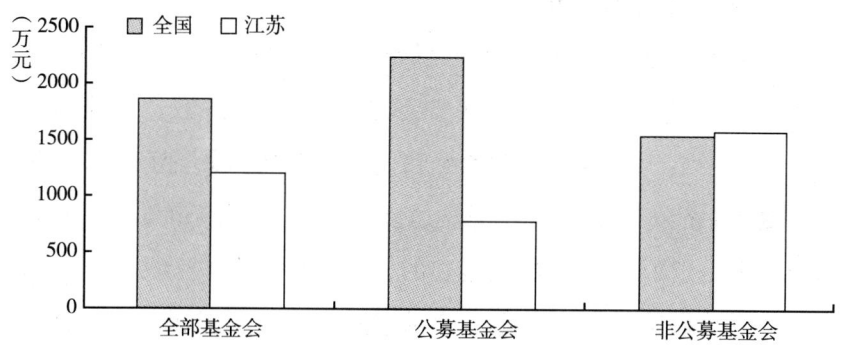

图4　全国与江苏基金会总收入平均规模对比

三　村级基金会：一种创新尝试

江苏省在非公募基金会的类型上积极创新，批准登记了全国首家村级基金会。这是一种以"源自社区、服务社区、凝聚社区"为特征和目标的新型社区基金会，相关经验得到推广后，近两年村级基金会已经增加到15家，同时带动广东东莞、河南郑州等地也成立了村级基金会。

村级基金会是在2010年以后逐步发展起来的新生事物。这些村级社区基金会一般由社区内已经富起来的民营企业家和一批满怀爱心的居民发起成立，通过自愿捐助筹集基金，并在社区内合理运用基金，积极扶助社区居民，尤其是长者、受灾户、因病致贫户、贫困学生等弱势群体。

活动形式以按需资助救助为主，也会组织社区开展一些关爱活动，促进社区和谐。比如2010年8月成立的江阴市朱蒋巷帮扶基金会,是江苏省内首家以自然村名义注册的村办基金会,坚持"以人为本、扶危济困、诚信创新"的慈善理念。基金会成立时全村共有116名村办企业老板,村民向基金会捐赠600多万元,从筹备到成立的1年内,开展"一敬五助"(敬老、助学、助困、助残、助医、助孤),资助1000多人次,资助额超过150万元。

1. 村级基金会地域分布

15家村级基金会集中在两个县级市——张家港市和江阴市,各7家,还有海门市有1家。根据《江苏省统计年鉴》数据,张家港和江阴两市地区生产总值和一般预算收入在江苏省分别排在第2位和第3位,属于经济发达地区的经济发达县级市。张家港市、海门市的村级基金会都是以行政村为基础建立的,而江阴市的村级基金会中有5家建立在行政村基础上,其余2家都建立在自然村基础上。江阴7家村级基金会中有6家分布在富裕的华士镇,大名鼎鼎的"华西村"就在该镇。

2. 村级基金会的原始基金数与 2011 年年末总资产数

15家村级基金会原始基金总额为4300万元,原始基金平均规模为286.67万元。其中8家基金会原始基金为注册要求的最低值200万元。原始基金最高值为500万元,有2家(见图5)。

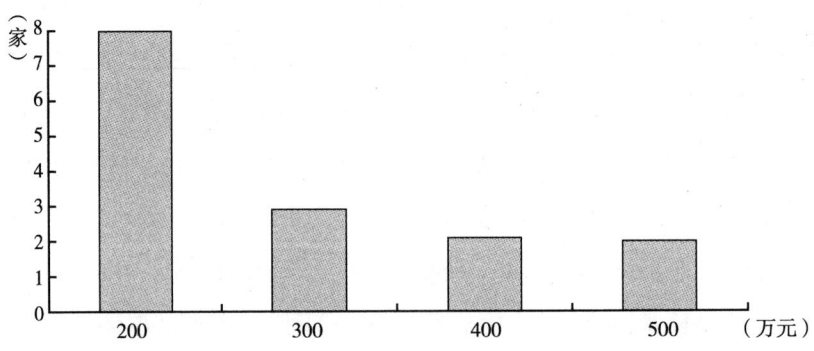

图5 江苏村级基金会原始基金数量分布

2011年末,村级基金会总资产额增长到6921.91万元,平均总资产规模达到461.46万元。除1家村级基金会外,其他基金会总资产额均在原始基金基础上有所增长。增长最显著的是张家港市永联为民基金会,其注册原始基金为500万元,2011年接受捐赠达到1565.1万元,年末资产迅速增至2013.52万元。

3. 村级基金会的收入结构

2011年,村级基金会总收入为3462.38万元。各家基金会总收入差异较大。如前所述,张家港市永联为民基金会一家的捐赠收入占到村级基金会的45%。此外,江阴市陆丰村关爱帮扶基金会2011年度总收入为588.34万元。其他村级基金会中有5家基金会年度总收入在100万~300万元,其他8家的年度总收入低于100万元。有一家村级基金会在2011年无收入和支出,处在"休眠"状态。

村级基金会收入来源较为单一。捐赠收入是村级基金会最主要的收入,占到总量的93%(见图6)。与总收入分布状况相似,捐赠收入分布也是很不均衡的。只有3家村级基金会有投资收益,所有村级基金会均没有提供服务的收入和政府补助收入。

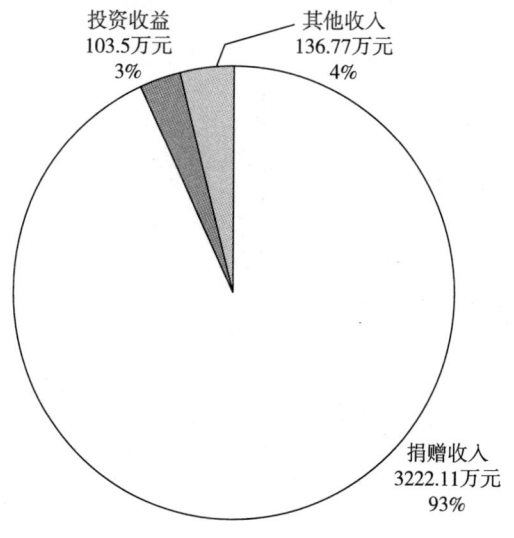

图6 江苏村级基金会收入结构

4. 村级基金会的支出结构

2011年,村级基金会总支出为1630.25万元。相对于总收入的不均衡分布,大多数村级基金会的总支出分布相对较为均衡。其中,张家港市永联为民基金会因有大笔捐赠收入,总支出也遥遥领先于其他村级基金会,达到975.91万元,占所有村级基金会总支出之和的59.9%。其他14家村级基金会,只有1家总支出超过100万元,达到133.5万元。总支出处在(50,100]万元区间的有4家,处在(0,50]万元区间的有7家,还有2家村级基金会2011年总支出为0。

总支出中公益支出占有绝对份额,达到98.7%,行政办公和工资福利两项支出相加不超过2%(见图7)。从专职工作人员数看,只有5家村级基金会没有专职工作人员,其他10家中有9家基金会有1~3位专职工作人员,江阴市陆桥社区关爱帮扶基金会有12位专职工作人员。但10家有专职工作人员的基金会中,仅有2家由基金会来承担专职工作人员的工资福利。

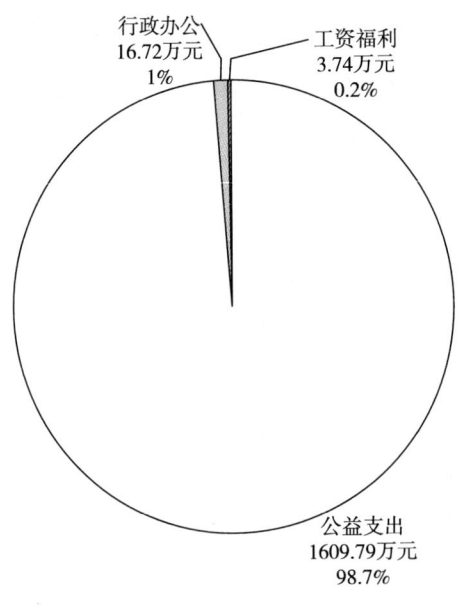

图7 江苏村级基金会支出结构

四 江苏基金会发展环境因素分析

2005年以来，江苏省基金会快速有序的发展不仅与江苏省经济社会的快速发展、深厚的慈善传统和越来越浓郁的慈善与社会管理创新氛围等宏观因素有关，也与江苏省积极改善引导基金会快速健康发展的政策法规环境有关。

1. 深厚的慈善传统

江苏地处江南，民间慈善事业的传统源远流长。各地慈善风气浓厚，在长期历史发展过程中逐渐形成本地区独具特色的慈善文化传统。如同民政部副部长窦玉沛在江苏慈善大会上所说，"江苏人民有着乐善好施、回馈社会的优良传统和深厚的慈善文化根基。江苏南通的张謇先生就是我国近代慈善事业的奠基人之一，其创办的公益慈善机构、探索的公益慈善实践和形成的公益慈善理论，在中华慈善发展历史中占有重要地位"。

这种慈善传统与文化在改革开放后，尤其是21世纪以来重新焕发生机。江苏省在发展慈善事业、弘扬慈善文化中一直走在全国前列。2005年9月，江苏省政府办公厅转发了省民政厅《关于加快发展慈善事业的意见》。2007年8月，江苏省民政厅印发了《关于加快培育发展慈善类基金会的意见》（苏民管〔2007〕57号）。2010年1月，江苏省人大常委会通过了《江苏省慈善事业促进条例》，这是我国第一部地方性慈善法规，在全国开慈善立法先河。2011年10月12日，江苏省召开了全省慈善大会，评选了首届"江苏慈善奖"。如今，江苏广大企事业单位、人民群众踊跃参与各项慈善活动，慈善捐赠量连续多年位居全国前列，充分展示了慈善大省的良好形象。

各基金会都加大了对慈善事业和慈善文化的推动力度。昆山慈善基金会专门编辑出版报纸《昆山慈善》，无锡滨湖区慈善基金会出版刊物《滨湖慈善》，提高本地居民对慈善公益的认知度。

2. 浓郁的社会管理创新氛围

改革开放以来，江苏的经济社会发展一直处于全国领先地位。近年来，为了解决社会建设相对滞后于经济发展的矛盾，江苏省在社会服务提供、社会管理创新方面进行了积极探索，在社会治安综合治理、基层组织建设方面都走在全国前列，党委、政府与社会各方互联、互补、互动的社会管理和公共服务网络基本形成，社会管理的信息化、规范化、制度化水平明显提升。

《江苏省"十二五"规划纲要》第十一章从提升法治江苏建设水平、加强和创新社会管理、切实保障公共安全、提高人口服务水平等方面对加强社会建设和管理进行了进一步的规划。2011年5月江苏省在全国率先出台了《关于实施社会管理创新工程，切实加强群众工作的意见》，首次系统全面地提出了江苏省社会管理创新的目标、任务、主要内容和重点举措，为构建具有江苏特色的社会管理创新体系制定了科学的行动路径，"社会组织培育管理"被列为六大行动计划之一。全省各地浓郁的社会管理创新氛围对鼓励基金会发展、发挥基金会在社会建设和社会管理创新中的积极作用创造了良好环境。在这种环境下，许多基金会在筹资、项目方面开展了创新尝试。比如，昆山慈善基金会在当地推广"昆山市民爱心卡"，带动了市民经常性参与慈善捐赠这一习惯的建立；实施"冠名慈善基金"，拓宽募捐渠道。

3. 不断完善的政策法规环境

政策法规环境对于基金会的发展有更直接的影响，也是本研究报告关注的重点。政策法规环境包括两个层次：第一层次是国家层面的政策法规，这是江苏基金会发展的大环境。主要是《基金会管理条例》，规定了基金会的登记体制、管理体制和监督体制。为了落实监督体制，民政部还颁布了《基金会信息公布办法》（2006年1月）、

《基金会年度检查办法》(2006年1月)、《关于规范基金会行为的若干规定(试行)》(2012年7月)。为了规范税收优惠政策和非营利资格认定管理,财政部和国家税务总局颁布了《关于公益性捐赠税前扣除有关问题的通知》(2008)、《关于非营利组织免税资格认定管理有关问题的通知》(2009)。

国家层面的政策法规环境对于不同地区的基金会而言是具有相同影响力的,因此本报告更关注第二层次,即江苏省构建的基金会发展的政策法规环境,主要包括如下三方面。

第一,努力完善基金会法规环境。这方面突出的成果是前文已提到的2010年颁布实施的《江苏省慈善事业促进条例》,对改善以慈善公益类为主要活动领域的基金会的发展环境产生了积极作用。这个法规一定程度上弥补了国家法律法规中尚无法立即解决的一些问题,"对慈善活动、慈善救助、慈善募捐资格、慈善文化建设以及扶持激励、保障措施和法律责任作出了明确规定,具有较强的针对性和可操作性"①。

第二,积极构建支持性的政策环境。首先,针对双重管理体制下登记难的问题,探索公益慈善类基金会的直接受理登记。据2011年6月底的统计,对找不到业务主管单位的公益慈善类基金会,省民政厅直接受理登记,这样的基金会已达到98家。其次,为了加强对基金会等社会组织的政策扶持,江苏省政府办公厅下发《关于加强民间组织培育发展和管理监督工作的意见》《关于加快发展慈善事业的意见》,省民政厅单独或联合相关部门出台《关于加快培育发展慈善类基金会的意见》《江苏省慈善募捐许可办法》《江苏省非营利公益性社会团体和基金会捐赠税前扣除资格认定办法》等政策文件。为

---

① 引自《大力发展慈善事业,为江苏实现"两个率先"保驾护航》(江苏慈善总会会长俞兴德访谈录),参见 http://www.jscharity.org.cn/gzdt/jryw/2012-05-03/1447.html。

了加强对社会组织的总体管理，出台了《江苏省民政事业发展"十二五"规划社会组织管理子规划》。

第三，逐步完善监督环境。为了落实日常监管责任，省民政厅发布了《关于非公募基金会业务主管单位职能委托意见的通知》（2006）、《江苏省地方性基金会监督管理暂行办法》（2007）和《关于地方民政部门协助开展全省性社会团体、基金会日常监管的通知》（2010），较好地解决了"看得到的管不着，管得着的看不到"的问题。建立评估制度，以评促建。省民政厅出台了《江苏省社会组织评估管理办法》（2010）及分类评分细则，改进评估办法，形成了组织健全、程序完备、操作规范、运转协调的评估工作机制。加强执法监察。省民政厅出台了《江苏省社会组织登记管理机关实施行政处罚程序规定》（2010）。

综上所述，江苏省主动抓住发展机遇，积极营造发展氛围，全面探索构建有利于基金会快速健康发展的政策法规环境，这是江苏省基金会发展环境构建中的基本经验。

五　江苏省基金会发展环境中存在的主要问题与挑战

1. 存在的主要问题

江苏省在构建基金会健康快速发展环境的过程中取得了很大进展与成效，但仍有一些结构性问题没有得到有效解决，主要表现在如下几个方面。

第一，在社会舆论环境中，基金会的社会认知度和公信力有待进一步提高。虽然江苏省基金会数量快速增长，作用越来越大，社会影响越来越大，但不少政府部门和社会公众对基金会缺乏认知。社会对慈善公益的理解还停留在传统的扶贫济困阶段，也制约了基金会在更多领域发挥社会创新的作用。

第二，法律法规环境尚不健全。在国家层面，社会组织立法位阶较低，现有法规体系已不适应基金会近年的迅速发展，新法规仍在等待审批。不少地方登记管理机关和计划成立基金会的企业及个人都处在观望等待之中，这在一定程度上成为近期制约江苏省基金会发展的重要因素。通过加强和改善立法，优化登记管理体制，确认基金会作为非营利法人所享受的税收优惠等合法权益，对于构建有利于基金会健康持续发展的环境具有基础性意义。

第三，支持性的政策环境建设力度不够。慈善公益类基金会获得捐赠税前扣除资格的比例偏低，优惠力度不足；政府转移职能、购买服务、公益招投标等措施处在探索之中，承接政府转移职能的社会组织数量偏少，财政扶持力度有待加强。调研中还发现，基金会普遍反映缺乏稳健的基金保值增值渠道。

第四，社会监督环境尚未成熟。自律机制不健全、社会监督不广泛、行政监管难到位的现象仍然普遍存在。社会公众对社会组织的公益性、非营利性缺乏必要的了解，再加上质询制度、举报制度不完善，捐赠人、受益人、社会公众对社会组织的监督机制跟不上。行政监管能力相对不足，执法监管难度较大，登记管理机关的队伍建设与信息化建设比较薄弱，执法监察成本较高，再加上登记管理机关与财政、税务、审计、银行等部门信息交换不畅，较难形成有效的协作监管机制。

2. 面临的主要挑战

第一，基金会的快速增长与管理体制之间的矛盾。江苏省的基金会仍然有很大的增长空间，以课题组走访的江阴市为例，其基金会数量与当地整体经济发展水平还不完全相称，31家上市公司中设立基金会的只有4家。可以预见，随着社会对基金会认知度的提高、基金会发展环境的改善和公民意识的不断增强，基金会在一段时间内还会

维持快速增长的势头。这将对现有的管理体制改革、基金会自身治理、登记管理机关的能力建设和监督实施构成很强的挑战,如何实现"低门槛,严监管"的格局,是江苏省社会组织管理必须要应对的重要挑战。尤其在信息化时代,在社会舆论不太成熟的背景下,个别基金会的违规行为,会给整个部门和管理体制带来相当高的道德风险。

第二,社会体制和政府体制转型的推进。一方面,经济社会发展转型加快,劳动力转移、流动人口增多、失地农民安置、利益分化带来的社会各阶层冲突、人口老龄化等社会问题急剧增加,需要有更多的诸如基金会这类的社会力量加入慈善公益和社会服务领域之中。但从长远看,随着政府社会保障与社会福利制度的日趋健全,以及政府公共服务职能加强,慈善公益类基金会发挥作用的空间和领域会逐步减少。拓展社会组织参与社会管理,提供公共服务的范围和方式,提高社会组织的主体地位,引导资金、项目、人才等资源向社会组织的持续流入,也将是江苏省基金会下一发展阶段会面临的问题。

3. 江苏省基金会发展中需要平衡的两种关系

首先,需要平衡基金会的数量增长与质量提升的关系。江苏省基金会数量在全国排名第一,并遥遥领先于其他省市。目前,江苏省基金会门类丰富,包括民政系统慈善会、教育类基金会、见义勇为类基金会、村办基金会以及其他公益类基金会。基金会的兴办主体日益多元化,非公募基金会的发展速度超过公募基金会,村办基金会成为重要特色之一,这些都显现出社会力量兴办基金会的热情日渐高涨,已经形成门类丰富、特色突出、分布广泛的基金会发展格局。江苏省基金会的数量增长已经达到一定水平,这为公共物品供给提供了多样化选择,成为社会"补余"的重要力量。但是,数量增长并不意味着质量的提高。调研中发现,不少基金会公益理念落后,管理上存在漏洞,缺少项目化、规范化和制度化运作,专业人才缺乏,资金保值增值问题较为突出。同时基金会规模偏小,总资产超过亿元的仅有20家,占总数的 4.8%，总资产低于 1000 万元的有 259 家，占总数的 62.3%。目前，基金会发展应该注重数量与质量发展的平衡，特别要关注质量的提升。在此转变下，政府主管部门推动和扶持基金会在数量上继续有所突破的同时，应该逐渐注重现有基金会核心能力的提升，优化其内部治理结构，实现项目运作的科学化、规范化和制度化，确保基金会办会宗旨的实现，进而使得有需要的人群得到基金会的帮助。

其次，平衡民间慈善与政府管理的关系。政府与基金会关系的背后，涉及的是国家与社会的关系的再调整，这不仅是理论难题，也是实践难题。在法律的框架内，基金会资助谁、如何资助、如何发展，都应该是基金会自由选择的结果。政府部门的政策支持，要体现在整体上的把握和评判，而不是具体业务的干预。为此，在基金会发展过程中，政府部门在加强政策扶持的同时，应该避免两种倾向：①不能"揠苗助长"，违背基金会自身成长规律；②不能"越俎代庖"，干预基金会的自由选择与自主发展。

事实上，随着非公募基金会的不断发展，民间慈善力量逐渐壮大，民间慈善与政府监管的关系需要进一步调整和界定。中国民间慈善领域既有以公募基金会、慈善会为代表的"自上而下"、"从官到民"的组织，这类组织凭借公共权力的支持，有着强大的资源动员能力以吸纳民间捐赠；还有以"草根"组织为代表的"自下而上"、"扎根民间"的组织，这类组织常常受到资金和人才的约束。富人行善必然依托社会组织特别是基金会进行，否则将缺少可持续性，甚至流于形式。目前，江苏省非公募基金会数量在全国排名第一。但实现民间慈善与政府监管的平衡，需要防止政府用行政手段向企业强行摊派，也要防止企业通过"主动捐款"而进行钱权交易。为此，发展基金会，要"划清公权力与公民权利的界限。公权力的作用就是保护慈善事业发展中的公民权利的顺利实现，而不是替代它的实现，否则公权力就会侵害公民权利，就会破坏社会慈善

生态的成长、发育和可持续"①。与此同时,政府应推动公募基金会"去行政化",鼓励非公募基金会发展,"建立慈善资源由民间流向民间的机制",推动基金会信息披露的网络化建设,进而实现基金会自主发展与公共政策支持的平衡、民间慈善与政府管理的平衡。

附录　江苏省与基金会相关的主要政策法规一览

时间	政策法规	主要内容
2005.9	江苏省政府办公厅转发省民政厅《关于加快发展慈善事业的意见》的通知(苏政办发〔2005〕98号)	提出"形成比较健全的省、市、县三级慈善组织网络","认真搞好慈善组织自身建设"
2006	江苏省民政厅下发《关于进一步加快慈善类民间组织发展的意见》(苏民发〔2006〕5号)	明确发展慈善类民间组织的重要意义,提出培育发展慈善类民间组织的指导思想、目标任务和具体工作措施
2006.3	江苏省人民政府办公厅转发省民政厅《关于非公募基金会业务主管单位职能委托意见》的通知(苏政办发〔2006〕18号)	结合江苏实际,就非公募基金会业务主管单位职能委托问题提出了具体意见
2007.7	江苏省政府办公厅转发省民政厅《关于加强民间组织培育发展和管理监督工作意见》的通知(苏政办发〔2007〕87号)	提出新时期民间组织培育发展和管理监督工作的指导思想、基本要求,要求切实加强对民间组织的分类指导,扶持和培育民间组织发展,规范民间组织管理,强化对民间组织的监督,着力改进和完善管理体制,加强对民间组织管理工作的组织领导
2007.7	江苏省财政厅、江苏省国家税务局、江苏省地方税务局、江苏省民政厅联合下发《江苏省非营利公益性社会团体和基金会捐赠税前扣除资格认定办法(试行)》(苏财税〔2007〕63号)	提出促进社会公益事业发展,加强公益救济性捐赠所得税税前扣除管理

---

① 杨团:《慈善事业发展中的公权力与公民权利》,《文汇报》2009年5月19(010)日。

续表

时间	政策法规	主要内容
2007.8	江苏省民政厅印发《关于加快培育发展慈善类基金会的意见》的通知（苏民管[2007]57号）	提出"在不断提高公募慈善基金会的规模和质量的同时，积极鼓励、扶持社会各界创立非公募慈善基金会，夯实社会慈善基础，整合社会慈善资源，加大社会慈善资源的统筹管理力度，推动全省慈善事业快速健康发展，造福全省人民特别是困难和弱势群体"
2007.9	《江苏省地方性基金会监督管理暂行办法》（苏民管[2007]130号）	加强对基金会的日常监督管理，着重对基金会的管理体制、资金使用、财务监督等方面作出了具体规定
2009.12	中共江苏省委组织部、中共江苏省委深入学习实践科学发展观活动领导小组办公室下发《关于推动社会组织党组织有效覆盖有效管理的意见》（苏组通[2009]82号）	就推动社会组织党组织有效覆盖、有效管理提出具体意见
2010.1	江苏省第十一届人大常委会第十三次会议通过《江苏省慈善事业促进条例》	对慈善组织、慈善捐赠和募捐、慈善救助和服务、扶持和奖励、慈善文化建设以及法律责任等内容，进行了详细规定
2010.10	江苏省委组织部、省民政厅、省工商局联合发出《关于在全省社会组织中实行党建工作"双报双推"制度的通知》（苏组通[2010]26号）	作为加强和改进全省社会组织党建工作的指导性文件，提出实行党建工作"双报双推"制度，即在社会组织登记申报时，推动其建立党组织；年检年报时，推动已经建立的社会组织、党组织有效发挥作用
2010.11	江苏省民政厅印发《关于地方民政部门协助开展全省性社会团体、基金会日常监管工作的通知》	对设在省城以外的省属社会组织，委托当地民政部门加强日常监督
2010.8	江苏省民政厅印发《江苏省社会组织评估管理办法》的通知（苏民规[2010]3号）	进一步规范指导全省社会组织评估工作，增强社会组织服务社会功能，提高社会组织评估的公信力，促进社会组织规范化建设
2010.9	江苏省民政厅出台《江苏省慈善募捐许可办法》（苏民福[2010]4号）	旨在规范慈善募捐行政许可程序，促进慈善事业健康发展
2010.11	江苏省民政厅出台《江苏省社会组织登记管理机关实施行政处罚程序规定》（苏民规[2010]6号）	规范全省社会组织登记管理机关（以下简称登记管理机关）执法监察工作，正确实施行政处罚，保护公民、法人和其他组织的合法权益

B.4
2011年大学基金会发展报告[*]

摘　要：大学基金会指的是由大学发起设立的教育类基金会。大学基金会在近年来数量迅速增长，规模不断增大，且呈现鲜明的群体性特征，如大学基金会整体吸纳大量的社会资金、需要厘清与发起学校的关系、项目模式同质性高等。本报告从数量、资产、收支、人员、项目等方面对大学基金会发展现状进行分析。

关键词：大学基金会　地域分布　收支格局　公益项目

一　概述

1. 数量变化情况

2009～2011年，我国大学基金会稳步发展，从2009年的165家发展到2011年的266家，增加了61.21%，平均年增长率为26.97%，速度可谓惊人。特别是在2009～2010年间，大学基金会增加了68家，年增长率为41.21%。

2. 原始基金变化情况

统计显示，2011年大学基金会原始基金总计146785.00万元（见表1），相比2009年原始基金110284.10万元，增加了33.10%，总量得到了较大的提升。但是，如果将原始基金的数额平均到各家基金会，则又呈现一种缓慢下降的态势。

---

[*] 为了研究当前我国大学基金会的特点，笔者特地调研了北京的A、B、C三家大学的教育基金会。

表1　2009～2011年全国大学基金会概况

单位：万元

年份	组织数量	原始基金	净资产	总收入	总支出
2009	165	110284.10	651991.72	458750.49	—
2010	233	128355.00	1068763.18	549281.41	250214.15
2011	266	146785.00	1456640.13	791100.44	400360.55

注：2009年支出存在较多数据缺失，故没有计入。

2009年，165家大学基金会的原始基金总量为110284.10万元，平均每家基金会为668.39万元，而在2011年，266家基金会的原始基金总量为146785.00万元，平均每家基金会为551.82万元，较2009年下降了17.44%。2010年平均每家大学基金会原始基金为550.88万元，相较于2009年，下降了17.58%，2011年与2010年平均每家基金会原始基金基本持平。

所以，总的来说，我国大学基金会原始基金的总体规模在不断上升，平均金额则缓步下降，目前基本稳定在550万元左右。

3. 净资产变化情况

2011年大学基金会净资产总量为1456640.13万元，相较2009年净资产总量651991.72万元，翻了一番（具体地说，增长了约123.41%）。2009～2011年间，大学基金会净资产总量年均增长402324.21万元，约为2009年净资产总量的61.71%，大学基金会净资产快速增长。

4. 收入和支出稳步增长，支出增长速度快于收入

总的来说，2009～2011年，大学基金会的收支都处于稳步增加的阶段。2011年全国范围内的大学基金会收入总量为791100.44万元，约为2010年总量的144.02%；而2011年大学基金会总计支出400360.55万元，约为2010年支出总量的160.01%，也就是说，支出总量增长为原先的约1.6倍。

二 大学基金会地区发展情况

1. 地域分布概况①

总的来说,我国大学基金会的地域分布不均,呈现一种东多西少的状况。其中,绝对数量排前四名的地区分别为江苏、北京、湖北和广东,此外,浙江、上海等地的基金会也相对较多,西部地区基金会的数量则较少,调查显示,2011年西部地区(仅有四川省、重庆市、陕西省和宁夏回族自治区)共12家大学基金会,西部地区平均各省仅有1家大学基金会。

从新增大学基金会数量来看,2011年新增基金会集中在江苏、北京、吉林、广东和浙江(见表2)。2011年,江苏在大学基金会数量和新增基金会数量排名中均占据全国首位,江苏地区的大学基金会数量(83家)约占全国总量的31.20%,而西部地区仅有重庆市新增大学基金会2家、陕西省新增大学基金会2家。

表2 2011年各地区新增大学基金会概况

归属	东部地区(26家)									
省份	江苏	北京	吉林	浙江	广东	辽宁	黑龙江	福建	山东	上海
新增	8	3	3	3	3	2	1	1	1	1
归属	中部地区(6家)					西部地区(4家)				
省份	湖南	内蒙古	湖北	江西	河南	陕西	重庆			
新增	2	1	1	1	1	2	2			

大学基金会依托于高校发展,与我国高校的地域分布有直接联系。至2010年底,西部地区高校(包括专科)有301所,仅占全国

---

① 截至2011年底在民政部登记注册的大学基金会一共14家,其中9家办公场所位于北京,另外,浙江、湖南、四川、河南、陕西各1家,民政部登记的基金会按办公场所所在地归入相应的地区。

高校的 15.2%。其中数量排名前 3 位的分别是四川、云南和甘肃。

从地区年末净资产来看,2011 年大学教育基金会年末净资产前 6 名分别是北京、江苏、上海、浙江、广东、福建 6 个东部省市,中部地区和西部地区无一进入前 6 名(见表 3)。

表 3 2011 年各大学基金会地区发展情况

单位:万元

排 名	年末净资产	组织收入	组织支出
1	北京(471960.55)	江苏(261921.07)	江苏(137120.31)
2	江苏(448943.55)	北京(246410.80)	北京(128767.70)
3	上海(173584.31)	上海(59433.84)	广东(29991.00)
4	浙江(101637.82)	广东(48140.00)	上海(25318.07)
5	广东(47973.00)	浙江(25692.08)	湖北(9076.63)
6	福建(38396.22)	湖北(25556.29)	重庆(9011.30)

从收支情况来看,江苏在 2011 年收入和支出排名上占据首位,北京紧随其后,而中部地区的湖北和西部地区的重庆分别保持收支排名的第 5 位和第 6 位,广东和上海则在收支排名的第 3~4 位略有变动。

很显然,2011 年数据统计所显示的地区发展不平衡绝非当年的特殊现象。通过表 4 的数据我们可以发现,江苏省 2011 年共有大学基金会 83 家,占全国当年大学基金会总数 266 家的约 1/3,比第 2 位的北京市多 55 家。所以,江苏大学基金会发展迅速是近年来一直都有的情况,绝非 2011 年的特殊情况。

江苏省的大学基金会发展得这么快,是因为近年来江苏省政府一直十分注重基金会行业的发展,出台了《关于促进慈善类民间组织发展的通知》《关于加快培育发展慈善类基金会的意见》《扶贫、慈善性捐赠物资免征进口税收暂行办法》《江苏省慈善事业促进条例》等法律法规,从制度和政策层面构建了江苏省大学基金会高速发展的平台。同时,江苏省又凭借着本身雄厚的经济实力,以及当地浓厚的传统慈善文化，力图打造一个重量级的公益基金会行业。在这种大环境下，江苏的大学基金会在各项统计排名中自然能名列前茅。

表4　2011年部分省份大学基金会数量

单位：家

序号	省份	数量
1	江苏	83
2	北京	28
3	湖北	17
4	广东	14
5	上海	14
6	湖南	14
7	吉林	13
8	山东	11
9	浙江	10
10	福建	9
11	黑龙江	9
12	辽宁	9

2. 发展趋势

从发展趋势来看，一方面，中西部地区新增大学基金会数量所占比例小，发展慢。2011年全国范围内新增大学基金会36家，其中东部地区26家，占新增总量的72.22%，中西部10家，占新增总量的27.78%。值得指出的是，西部地区仅新增4家，约为全国新增总量的11%。相较于2010年，中西部新增大学基金会占全国新增总量的比重有所下降：2010年全国共增加37家大学基金会，中西部新增14家大学基金会（其中中部地区新增11家，西部地区新增3家），约占全国新增总量的37.84%。以上数据说明，近年来中西部地区新增大学基金会在数量和比重上落后于东部地区，且这种差距有扩大的趋势，东西部地区之间大学基金会发展的不平衡日益扩大。

另一方面,中西部地区大学基金会原始基金所占比重略有增加。2011年,中西部地区大学基金会原始基金总量达到19425万元,约占全国大学基金会原始基金总量的13.26%,相较2010年(中西部地区大学基金会原始基金总量达12420万元,约占全国总量的9.68%)提高了3.58个百分点,这主要是少数几家基金会的作用,如新成立的西北农林科技大学教育发展基金会拥有2000万元的原始基金。

三 大学基金会与发起学校的关系定位

由于我国的教育体制尚处于探索改革阶段,所以,在既有体制下大学基金会也无法独自突破体制的约束,完全依照法人治理结构开展活动。相反,基金会的各项发展经常会受到上级领导乃至学校层面的很大影响,其法人主体地位也受到限制。

1. 工作人员身份状况

目前大学基金会大都是大学发起设立的,所以,大学基金会本身的领导也大都由本校的分管领导兼任。一些核心岗位的普通工作人员甚至也由本校的行政人员兼任。

调研显示,目前,A大学基金会共有工作人员30人,B大学基金会共有工作人员6人,C大学基金会共有工作人员8人。

其中,在领导层面,A大学基金会的理事长由本校的主管财务的副校长兼任,秘书长由学校的副秘书长兼任;B大学的理事长由学校常务副校长兼任,副秘书长由学校校友办公室主任兼任;C大学基金会的理事长由学校主管财务的副校长兼任,秘书长由基建处处长兼任。

在普通工作人员层面,C大学基金会的财务由学校财务处托管,所以,其负责财务的工作人员同时也是该校的财务人员。

由此可见,大学基金会不同于普通基金会的一个重要特点是其工作人员,特别是领导大都由所属学校的负责人或主管领导兼任。

这种情况容易导致大学基金会对学校领导的依赖，即凡事都要经领导的手，法人治理结构的作用弱化。

但是，在既有体制下，单纯地将大学基金会的领导身份与学校的行政领导身份相剥离也并非最佳解决方案。在调研过程中我们发现，C大学基金会的理事长原为该校的前任校长。该理事长的意见与时任校主管的领导不一致。该基金会在学校建设发展中的作用发挥明显受到了限制。由此可见，单纯的身份剥离并非最好的解决方案。

另外，近年来，全国大学基金会的专职人员工作人数在持续增长。2009年全国大学基金会的专职工作人员人数为392人，而到了2011年，已经增长到690人（见图1）。这是改变大学基金会主体状况整个格局的一个重要趋势。

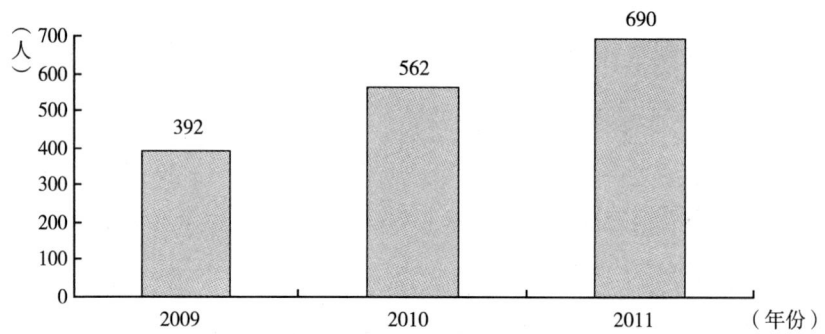

图1　大学基金会专职工作人员情况

同时，调研显示，有不少大学基金会对专业人才的需求也在日渐增长。A大学基金会的30多名工作人员中，有20多人有专业背景；B大学基金会的6名工作人员中，有两名是专业人才；C大学基金会的工作人员几乎都是硕士以上学历。由此可见，我国的大学基金会正向着专职化、专业化的方向发展。

2. 工资福利以及办公支出情况

与员工的身份因素一样，大学基金会的工资福利支出以及行政办公支出的来源也是判断该组织独立程度的一个重要因素。从宏观的情况来看，2009~2011年，我国大学基金会的工资福利支出和行政办公支出一直保持着增长的态势。但与此同时，各年支出所占总支出的比重却普遍不高，特别是在2011年，工资福利支出仅占总支出的0.35%，而行政办公支出的比例仅占1.45%，两者相加仅为1.80%，比重明显偏少（见表5）。

表5　2010~2011年工资福利支出、行政办公支出

单位：万元，%

年份	工资福利支出	工资福利支出比例	行政办公支出	行政办公支出比例
2010	1161.22	0.46	2207.32	0.88
2011	1413.61	0.35	5732.53	1.45

与其他基金会相比，大学基金会的工资福利和行政办公支出不完全来自自身，大部分是由大学为其承担部分或全部支出。调研所得到的情况印证了这一判断。

调研显示，A大学基金会的员工工资福利支出中，工资是由学校承担，岗位津贴和奖金则由基金会列支，两者所占的比例基本上保持在1∶1；B大学基金会领导人员的工资福利由学校承担，其他工作人员和外聘专业人才的工资福利则由基金会自身列支，由学校承担的部分约占总工资福利支出的50%；C大学基金会的工资福利支出则全部来自学校。同时，在办公支出方面，A、B、C三家大学基金会都表示该部分费用由基金会自身支付。

由此可见，在工资福利支出方面，大学基金会普遍存在学校承担一部分、基金会承担一部分，甚至不承担的情况。而出现这一情况的根源则在于基金会工作人员的行政身份。

3. 公益支出情况

根据设立宗旨，大学基金会的公益支出主要集中于本校范围内。

公益支出一般会占大学基金会当年支出的绝大部分。2011年的数据也反映了这一情况。当年,全国大学基金会的公益支出为387425.07万元,占当年总支出的96.77%(见表6、图2)。

表6 2011年全国大学基金会年度支出情况

单位:万元,%

项目	公益支出	行政费用	工资福利	其他	总支出
数额	387425.07	5789.33	1413.61	5732.53	400360.54
比例	96.77	1.45	0.35	1.43	100.00

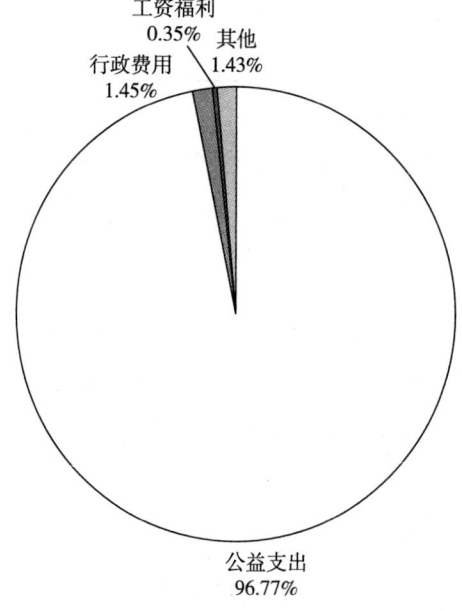

图2 2011年全国大学基金会年度支出比例

从一般的情况来看,这笔支出会按照如下几个方向进行分配。

(1)资助学生:奖助学金、励学金(国际交流奖学金和扶贫助学金)等;

(2)教师发展用途:人才引进计划、奖教金等;

(3) 校园建设和举办活动，包括校园基础建设和文体活动；

(4) 科研合作；

(5) 社会公益。

调研显示，A大学基金会2011年支出总额为5.77亿元，其中，用于资助学校基础设施建设的资金占总额的46.18%，资助社会公益活动的资金占总额的3.97%；B大学基金会2011年支出总额为6400万元，其中用于资助学校基础设施建设的资金占总额的54.68%，没有资助社会公益活动；C大学基金会2011年支出总额为3588.16万元，其中用于资助学校基础设施建设的资金占总额的80%，没有资助社会公益活动。

由此可见，多数大学基金会的资金用于支持学校的基础设施建设，也就是补充学校的建设资金。

同时，值得注意的是，也正是因为多数大学基金会的资金被用于补充学校的建设资金，所以大学基金会的财务支出与学校联系紧密。开展学校与社会互益的活动方面，大学教育基金空间有限。

四　大学基金会的收入状况

在大学基金会的收入中，有两个特点是值得人们注意的：一方面，与其他基金会一样，大学基金会的收入主要是靠捐赠。但是，与公募基金会或其他非公募基金会主要靠社会捐赠不同的是，大学基金会的收入有一部分来自特定人群，即校友。另一方面，虽然多数大学基金会的投资收入较少，但是还是有小部分大学基金会乐于开展投资，还组建了专业的投资团队，开展专业化的投资。所以，部分大学基金会的投资收入较高。

1. 捐赠收入情况

近年来，大学基金会的捐赠收入一直保持增长趋势，从2009年的约

46亿元增长到2011年的约74亿元，可谓增长迅速。并且，捐赠收入占总收入的比例也一直居高不下。在2010年，这一数据为92.90%，而到2011年，该数据则高达93.82%，可谓十分惊人（见表7）。

表7　2010~2011年全国大学基金会捐赠收入情况

单位：万元，%

年份	捐赠收入	捐赠收入占总收入比例
2010	510276.22	92.90
2011	742206.50	93.82

部分大学基金会的捐赠收入的很大部分来自校友捐赠。调研显示，2011年，A大学基金会的捐赠收入为10.47亿元，其中来自校友的部分占总额的19.54%；B大学基金会的捐赠收入为7400万元，其中来自校友的部分占总额的60%；C大学基金会的捐赠收入为4560万元，其中来自校友的部分占总额的比重不足10%。

根据上述情况，我们可以发现如下两个问题。

第一，部分大学基金会大量依靠社会捐赠。众所周知，大学基金会属于非公募基金会，不得开展公募活动。但是，实际的情况是，很多大学基金会不仅开展大额的资金募集活动，还大量接受校友的中小额捐赠。所以，部分大学基金会对校友资源的依赖很大。

第二，大学基金会对校友资源的利用情况，部分取决于大学基金会与校友会之间的关系。如上所述，B大学基金会与校友会之间合作融洽，所以对校友资源利用较为充分；而A、C两家大学基金会与校友会之间存在种种问题，所以在利用校友资源方面便存在各种各样的问题。

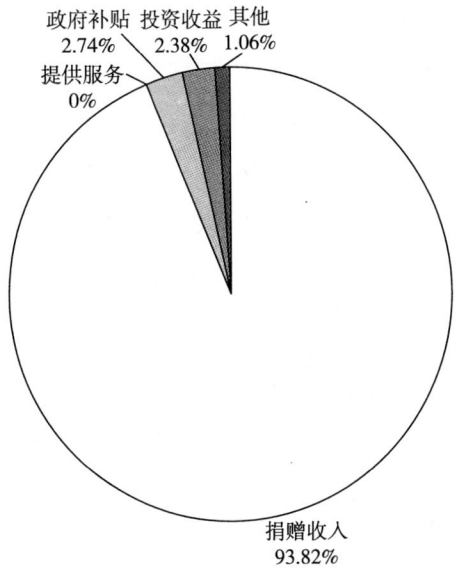

图 3　大学基金会收入比例情况

根据财政部、教育部 2009 年联合下发的《中央级普通高校捐赠收入财政配比资金管理暂行办法》（财教 [2009] 275 号）规定，"财政部会同教育部根据主管部门提出的配比资金申请，对符合规定条件的捐赠收入总额采取分档按比例核定的方式，并综合考虑高校地理位置、财力状况等因素，逐校确定配比资金数额，按部门预算管理程序拨付资金。各高校所获配比资金实行上限控制。配比资金适当向财力薄弱高校倾斜"。财政对大学捐赠收入的配比政策，极大地激发了大学基金会筹集捐赠的热情。

2. 投资收入情况

总的来说，大学基金会的投资收入占总收入的比例较低，到 2011 年，仅占总额的 2.38%，可见很多大学基金会尚不擅长投资。比如，B 大学基金会的投资活动仅限于银行理财，年收益率为 4%；C 大学基金会的投资活动则基本限于短期存款。

但是，通过调研我们发现，有部分大学基金会十分精于投资，甚至有一些大学基金会设立了专门的投资部门，开展专业化的投资活动。比如，A大学基金会就设立了专门的投资部门。该部门由5名具备投资理财知识背景和工作经验的专业人士组成。这一团队负责为该大学基金会选取合适的投资领域，分析市场行情，进行投资活动。

除了依靠专业团队开展投资活动以外，该大学基金会还通过委托基金会公司运作的方式开展投资。但是，在选取理财产品时，该大学基金会还是会凭借自身的专业团队对理财产品进行调查甄别，以确保高额的增值。

该大学基金会的投资领域十分广泛，包括：①股票；②债券；③企业债；④国债；⑤央票；⑥短期存款；⑦信托投资；等等。2011年，该大学基金会的投资收入总额为8315万元。

所以，虽然从总体上看多数大学基金会并不擅长投资，但是一些发展得比较好的大学基金会还是有能力也乐于开展专业的投资活动。

五 大学基金会的资产状况

2009~2011年，全国大学基金会的净资产一直保持着高速增长的发展趋势。2009年，全国大学基金会的净资产仅约为65.20亿元，而到2011年，该数据已经飙升至约145.66亿元，增长了约123.4%（见图4）。这一跨越式发展是其他类型的基金会所不可及的。

在大学基金会如此庞大的净资产中，有一个值得格外注意的现象是，众多的专项基金占据了大学基金会净资产的绝对大头。调研显示，A大学基金会现有专项基金400余个，B大学基金会现有专项基金40多个，C大学基金会现有专项基金8个。A、B、C三个大学的基金会的专项基金几乎占各自净资产的全部。除此以外，几乎没有其他资产被用于非定向的领域。

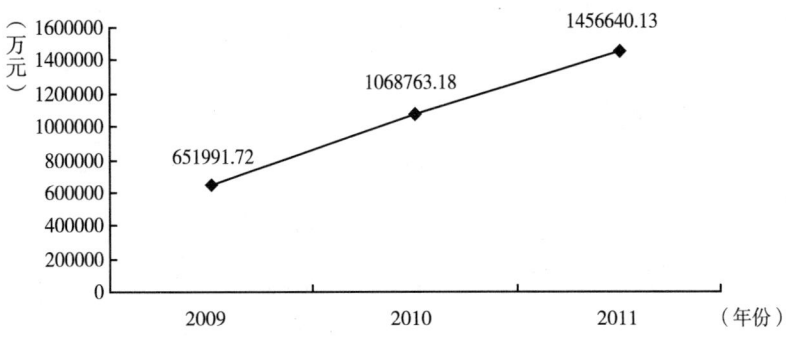

图4 2009~2011年大学基金会净资产增长情况

不过，大学基金会的专项基金与普通基金会的专项基金有所不同。大学基金会的专项基金一般是以捐赠协议为基础的，不会专门建立专项基金的管理委员会，而且也大都不会到民政登记机关备案。所以，从严格意义上来说，大学基金会的专项基金并非纯正的专项基金，而更类似于一种专项捐款执行机制。

总的来说，专项基金对大学基金会净资产的增长作用巨大，越是发达的大学基金会，其专项基金的数量也就越多。

六 大学基金会的项目情况

1. 概述

如上所述，大学基金会的公益支出一般用于五个用途，相应的项目也包括五个方向。

（1）学生资助项目：奖助学金、励学金（国际交流奖学金和扶贫助学金）等；

（2）教师发展项目：人才引进计划、奖教金等；

（3）校园项目，包括校园基础建设和文体活动项目；

（4）科研合作项目：科研项目、创业项目、成果转化项目、实验室发展项目和产学研发展项目等；

（5）社会公益项目。

具体情况如下：

（1）学生资助项目：传统的学生资助项目以奖助学金为主，近年来，随着国际学术交流文化活动的增多，很多高校如浙江大学、四川大学将"国家交流奖学金"单独作为基金的一项使用。另外，值得注意的是，四川大学基金会将医疗基金也纳入学生资助基金中。

（2）教师发展项目：大学基金会将教师发展、师资建设纳入项目范畴，其中北京大学基金会、四川大学基金会将教师发展作为单独部门项目，浙江大学基金会、中国政法大学基金会将人才引进或人才培养作为基金使用的项目，除了人才引进，奖励教学也是教师发展基金的重要部分。

（3）校园项目：校园建设是本部分项目的重要内容，北京大学、清华大学、浙江大学和中国政法大学等多家高校的基金会将校园基础设施建设作为基金使用的基本项目；校园项目也包括学校的各类文体活动，尤其是大型的文体活动，如校庆活动、毕业典礼活动等。

（4）科研合作项目：从学生层面来讲，主要是支持大学生科研和自主创业的项目，如清华大学基金会"研究基金"、中国政法大学基金会"教学科研基金"；从学校层面来讲，主要是加强科研与教学的衔接，以理工科高等院校为主，投入产学研计划项目，比如四川大学基金会"科研合作项目"；从国家层面讲，主要是一些具有较强科研能力的高等院校与国家重点实验项目合作，如中国科技大学校友创新基金与教育基金会、北京航空航天大学基金会里都有这样的支持项目。

（5）社会公益项目：主要支持开展社会公益活动。社会公益活动内容广泛，涵盖教育、科技、医疗、扶助贫困等多个方面。比如，清华大学基金会"社会公益活动项目"内容包括"从艾滋病专项基金到地震灾后小学重建，从科技下乡活动到遍及全国的远程扶贫教学站"，四川大学基金会将"灾后重建计划"与"西部扶贫计划"列为基金会专门项目，浙江大学基金会的社会公益活动项目则包括地震灾后小学重建、西部地区鱼稻共生系统项目、全国性的节能减排大赛，以及广西宜山西迁纪念碑、云南屏边希望小学的建设等。

2. 项目特征分析

从2011年大学基金会开展的项目来看，主要表现出如下特征。

第一，开展项目大都与本校专业特色相符。大学基金会开展的项目，大都立足于本校专业特色，为本校的教学和研究提供支持。比如，在北京航空航天大学基金会2011年开展的15个项目中，有10个是与航天研究或发展有关的；而在中国传媒大学基金会2011年开展的8个项目中，有5个是与传媒相关的。这说明各家大学基金会的活动与本校专业联系紧密，能够有力推动教学科研活动的开展。

第二，高新技术学科和实践性学科成为关注重点。2011年，大学基金会对高新技术学科关注力度较大，也有很多项目投入其中。比如，清华大学基金会的纳米基金就关注"纳米技术的基础和应用研究，推动纳米科技成果的产业化和培养纳米科技人才"；而北京交通大学基金会的佳讯飞鸿教育基金，则关注北京交通大学电子信息工程专业，奖励该校电子信息学院品学兼优的学生。在实践性学科方面，由于大学基金会接受企业的资助，所以，很多与实践联系紧密的学科也成为关注热点。比如，四川大学基金会的教育事业发展项目，接受了浙江红蜻蜓股份有限公司捐赠的资金，用于皮革和制鞋方向的学科建设。

第三，各校开展项目数量差别巨大。2011年全国各大学基金会开展项目的数量存在明显差别。其中，开展项目较多的有清华大学基金会，开展了640个项目；浙江大学基金会开展了540个项目；而部分大学基金会则仅开展了几个项目，甚至只有1个项目。这方面与各大学基金会各自的实力及关注点有着密切的联系。

3. 发展趋势分析

大学基金会项目以传统的奖助学金、科研项目和校园（基础设施）建设为主，大学基金会在提供更公平的教育机会、转化科技成果和提高学校设施水平方面发挥着重要作用。但随着社会的不断进步和大学基金会管理的日益规范成熟，基金会项目的发展表现出一些新的趋势。

（1）社会公益活动项目增多，基金会项目多样化

越来越多的大学基金会不再将发展项目局限于本地本校的教育奖助学金和校园建设项目，而是更多地承担社会责任，将社会公益活动作为基金会的主要项目之一，体现了基金会项目多样化的趋势。

基金会项目的目标和内容也由单一的扶助本校贫困生、奖励品学兼优大学生的教育领域扩展到全国范围内的生态环境问题、改善贫困地区医疗卫生条件和灾后重建等更为广泛的社会公益事业。比如，浙江大学基金会的公益活动项目包括西部地区鱼稻共生系统项目、希望小学项目和节能减排大赛项目，体现了基金会对西部地区社会经济发展问题和全球性问题的关注。

大学基金会项目的多样化发展使得基金会成为社会各界关心、支持公益事业的坚实桥梁。

此外，基金会项目对学生的医疗保障也得到体现，如四川大学基金会中的"医疗基金"与东南大学基金会中的"学生大病互助基金"等。

（2）大学基金会项目管理更加自主和规范

虽然大学基金会的收入很大一部分来自校友或校友会的捐赠，但是大学基金会在管理上日益独立，有自己独立的组织管理机构、人事安排等。在各高校基金会制定基金会管理办法时，除了将一部分资金用于学校的建设和奖助学金外，用于社会公益事业的资金比例逐渐增加，不再仅关注本校的教育发展和设施建设以及本省本地的社会经济发展。在今后的发展中，大学基金会将在更大范围内突破原有大学体制对基金会的发展项目、管理制度方面的约束。

4. 大学基金会项目示例

见表8、表9。

表8　四川大学基金会项目

灾后重建计划	西部扶贫计划	学生资助项目	教师发展项目	科研合作项目	文体活动项目	校园建设项目	校友捐赠项目
积极参与灾后重建并帮助灾区实现可持续发展，主动应对全球灾害危机	贫困问题依然严峻，贫困问题是制约西部地区经济发展的主要瓶颈	奖学金	讲席教授基金	成果转化基金	学生文艺基金	认捐座椅	"感恩母校"年度捐赠
		助学金	优秀教授奖	科研基金	学生体育竞赛	校友林	校友基金
		医疗基金	杰出青年教师奖	创业基金			
		学生科研基金	著作出版奖				
		国际交流基金					

表9　东南大学基金会

发展项目	性　质	内　　容
校园工程项目	基础设施建设	体育馆、科研楼、学院楼、宿舍楼
校园绿化项目	绿化建设	—
人才队伍建设项目	—	学术沙龙基金、学术会议资助、奖教金、奖管金
国际化建设项目	—	举办重大国际会议、海外大师来校讲座、优秀教师出国研修计划、学生国际交流项目
人才培养项目	—	SRTP发展基金、本科生学科系列竞赛和科技创新成果展示会、本科生发表高水平论文资助项目及学术总结报告、优秀博士论文奖励基金、学生卓越培养计划、学生社团发展项目、文体活动建设基金、"校园文化节"、社会实践项目、"挑战杯"竞赛奖励、创业大讲堂、创业引导基金、"最具影响力毕业生"评选活动、奖学金、助学金
特别项目	—	学生大病互助基金、校庆系列
图书、设备基金	—	—
图书、设备捐赠项目	—	—

B.5
民政部主管非公募基金会发展现状：2005～2011

摘　要：非公募基金会作为 2004 年《基金会管理条例》颁布后新兴的公益力量和重要的公益组织，为中国公益事业的发展开辟了更为广阔的空间，极大地调动了民间捐赠的积极性，鼓励了民间的公益慈善行为。在这一类基金会中，有一个比较特殊的群体，其业务主管单位和登记管理机关都是民政部，我们称其为民政部主管的非公募基金会（以下简称部管非公募基金会）。

关键词：民政部　主管　非公募基金会

一　2005～2011 年民政部主管非公募基金会发展状况

1. 发展背景

部管非公募基金会的出现，得益于民政部在基金会登记管理体制方面的创新。《基金会管理条例》中对于非公募基金会依然沿用了双重管理体制，即非公募基金会的申请成立、变更撤销等主体变更程序都要经过业务主管单位和登记管理机关的双重审批，这在一定程度上对非公募基金会的设立构成了客观障碍。为鼓励非公募基金会的发展，近几年来民政部门对于欲设立非公募基金会的企业和个人，一方面积极帮助联系寻找业务主管单位，另一方面对于业务范围与民政有关联的基金会，也积极承担起业务主管单位的职责。这种登记管理职能合二为一的做法在一定程度上缓解了非公募基金会寻找业务主管单位难的问题，极大地促进了非公募基金会的进一步发展。

2. 部管非公募基金会历年数量变化情况

第一家部管非公募基金会成立于 2005 年 6 月，是由香江集团发起设立的香江社会救助基金会。经过 6 年多的发展，截至 2011 年底，部管非公募基金会的数量已有 30 家，与 2005 年相比增长了 14 倍，增速明显高于其他部门作为业务主管单位的非公募基金会。尤其是在 2008 年和 2011 年，新成立的部管非公募基金会数量最多（见图 1）。

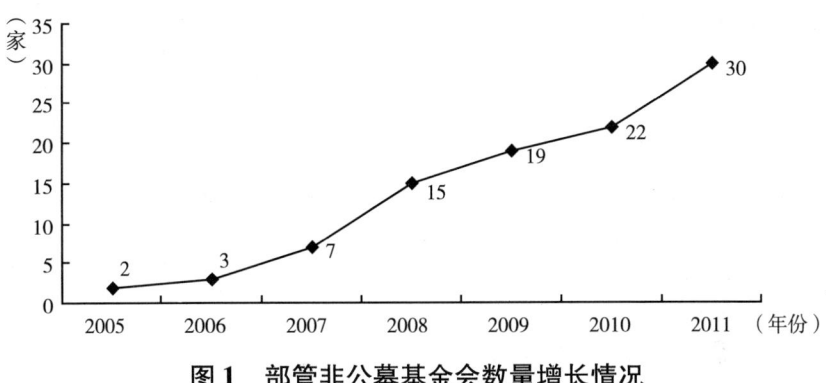

图 1　部管非公募基金会数量增长情况

3. 部管非公募基金会历年原始基金情况

原始基金是指基金会在成立时所需的到账货币资金，是衡量基金会规模大小的重要指标。根据《基金会管理条例》的规定，在民政部登记的非公募基金会，原始基金不得低于 2000 万元。如表 1 所示，部管非公募基金会的原始基金总额从 2005 年的 1 亿元增加到 2011 年的近 19 亿元，平均年增长率约为 80%。在 2005 年，5000 万元是部管非公募基金会原始基金的最大额。到了 2011 年，原始基金上亿元的部管非公募基金会达到了 9 家。其中，华民慈善基金会和神华公益基金会的原始基金最多，都为 2 亿元。另外，南都公益基金会、天诺慈善基金会、万科公益基金会、桃源居公益事业发展基金会、国家电网公益基金会、中国移动慈善基金会、安利公益基金会的原始基金都超过了亿元。

表1 部管非公募基金会原始基金总额增长情况

年份	2005	2006	2007	2008	2009	2010	2011
原始基金总额（亿元）	1.0	1.2	3.4	10.1	12.6	15.8	18.9

4. 部管非公募基金会历年收支情况

收入方面，部管非公募基金会2005年各类收入之和为1亿元，2011年则达到17.5亿元；支出方面，2005年部管非公募基金会的公益支出总额为5300多万元，2011年增长到近6亿元。其中，神华公益基金会和华润慈善基金会的公益支出超过了亿元，中远慈善基金会、香江社会救助基金会、国家电网公益基金会、腾讯公益慈善基金会、凯风公益基金会、比亚迪慈善基金会、招商局慈善基金会、万科公益基金会、桃源居公益事业发展基金会、中国移动慈善基金会等基金会的公益支出都在千万元级别。从收入的来源来看，由于非公募基金会不能开展公开募捐活动，所以绝大部分的收入都来自发起方的持续捐赠和投资收益（见表2）。

表2 2011年部管非公募基金会收入构成

单位：万元

名称	总收入	来自发起方的捐赠收入	投资收益
香江社会救助基金会	285	250	13.5
中远慈善基金会	13212	9042	2091
王振滔慈善基金会	756	650	0
凯风公益基金会	21	0	0
中国人寿慈善基金会	3121	3000	45.9

续表

名称	总收入	来自发起方的捐赠收入	投资收益
南都公益基金会	2376	1581	429
腾讯公益慈善基金会	10911	8957	0
天诺慈善基金会	161	0	0
华民慈善基金会	1141	1000	0
人保慈善基金会	229	220	0
爱佑慈善基金会	7128	数据不详	0
万科公益基金会	1483	100	0
桃源居公益事业发展基金会	1174	410	763
心平公益基金会	2340	1962	341
海仓慈善基金会	352	350	0
国家电网公益基金会	3342	2910	0
中国移动慈善基金会	2317	2200	0
招商局慈善基金会	2281	1689	0
比亚迪慈善基金会	1221	数据不详	0
神华公益基金会	83721	79189	778
陈香梅公益基金会	307	数据不详	12.4
安利公益基金会	12374	11205	0
中社社会工作发展基金会	2539	2000	0
亨通慈善基金会	5318	5000	0
永恒慈善基金会	12.4	0	0
德康博爱基金会	81.4	0	71.1
济仁慈善基金会	2000	2000	0
阿里巴巴公益基金会	5000	5000	0

5. 发起主体分析和人才队伍建设情况

从目前登记的 30 家部管非公募基金会的情况来看，发起主体主要分为三类：大型国有企业、国内知名的民营企业、民营企业家或社会知名人士。其中，国企发起设立的约占部管非公募基金会总数的 27%，民营企业发起的约占 50%，企业家和社会知名人士发起的约占 23%（见图 2）。由于这些发起主体本身的资金规模雄厚、筹资能力强，所以这些部管非公募基金会共同的特点就是起点比较高,规模比较大,各方面能力都比较强,在整个非公募基金会行业中处于领先水平。

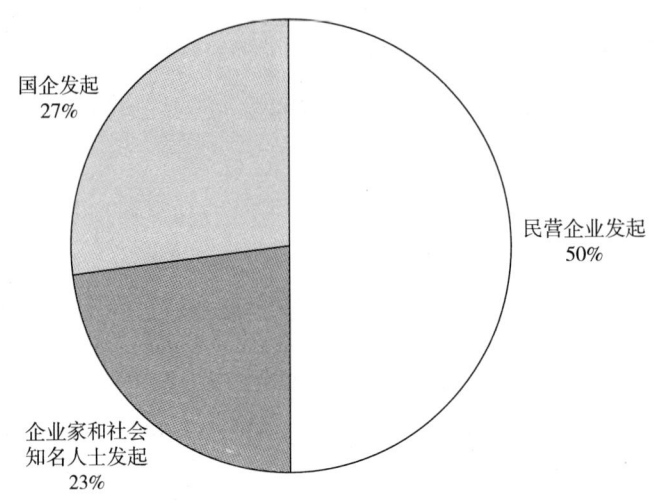

图 2　部管非公募基金会发起主体分布

另外,民政部门的统计数据显示,近年来基金会专职工作人员的总数一直在持续增长,部管非公募基金会在人才队伍建设方面也呈现相同的特征。2005 年,部管非公募基金会尚无专职工作人员,所有工作人员都由发起企业的员工兼任。2011 年年检数据显示,部管非公募基金会的专职工作人员已经增长到 136 名,平均每家基金会的专职工作人员不到 5 人。另外,衡量人才队伍建设情况的另一个指标为招募的志愿者数量。从统计数据来看,2011 年部管非公募基金会招募志愿者的总数为 5929 人,平均每家基金会约 200 人。志愿者的大量使用在一定程度上弥补了部管非公募基金会专职工作人员的不足。

二　民政部主管非公募基金会自身建设情况

1. 理事会建设情况

理事会的合理建设,直接关系到基金会决策的科学性、合理性以及发展的可持续性。为此,基金会需要合理设置组织架构,建立健全理事会的民主决策机制,保障监事的独立监督权利,规范内部管理,建立起民主讨论、科学决策的高效工作机制。从2011年的情况来看,部管非公募基金会正朝着这个方向不懈努力。

第一,所有的部管非公募基金会都建立了理事长负责,理事会集体决策,理事、监事各负其责的民主议事制度。第二,90%以上的部管非公募基金会能够按时按次召开理事会。第三,所有部管非公募基金会的年度工作报告和工作计划都经过了理事会的审查。第四,大部分部管非公募基金会做到了重大事项由理事会表决通过。第五,所有部管非公募基金会的理事会构成符合法律规定。值得注意的是,除个别基金会以外,部管非公募基金会的理事会成员大多是发起方的负责人或与发起方有着密切关系的关联方。

2. 内部制度建设情况

在基本制度建设方面,90%的部管非公募基金会建立了法人证书保管使用管理制度,97%的部管非公募基金会建立了印章保管使用制度,83%的部管非公募基金会建立了人事管理制度,87%的部管非公募基金会建立了项目管理制度。除上述基本制度外,部分基金会还主动制定了多项管理细则。例如,中远慈善基金会制定了档案管理制度、理事会议事规则、投资管理及风险控制细则和专项基金管理办法,中国人寿慈善基金会和人保慈善基金会都制定了专项基金管理办法和理事会议事规则,万科公益基金会制定了财务管理制度和会计核算制度,桃源居公益事业发展基金会制定了档案管理制度、重大事项报告制度和人事管理制度,心平公益基金会制定了项目管理办法、重大事项报告制度、信息公布管理办法、志愿者管理办法和档案管理办法等。

3. 信息公开情况

伴随着基金会的迅速发展,社会公众对基金会的关注度越来越高。在社会公众眼里,基金会从事的是一项充满爱心和诚信的事业,

它的"口袋"应该是透明的,是可以让人放心的。对于基金会而言,信息公开是主动接受社会问责的表现,是对捐赠人的一种责任,除了按照政府规定的要求公开必要的信息外,还应该逐步拓展信息公开的渠道和内容,不断提升自身的公信力水平。从目前基金会行业的信息公开程度来看,绝大部分基金会都能做到按照政府的规定公开基本的信息,但这种公开程度与现阶段社会公众的需求尚有一定距离,信息公开正在成为基金会进一步发展亟须加强的方面。

根据年检数据,2011年,所有的部管非公募基金会都能够按照要求在民政部指定的媒体上公布年度工作报告,但仅有约30%的部管非公募基金会在其他媒体上公布了募捐、接受捐赠的情况和项目资助明细等内容。如中远慈善基金会在报纸上公布了所开展公益项目的进展情况,南都公益基金会在自己的网站上公布了所有的项目信息和资金使用情况,国家电网公益基金会在自身网站和国资委网站上公布了对外捐赠情况和理事会会议召开情况,香江社会救助基金会在项目所在地的媒体上公布了项目的进展情况和资金使用情况,招商局慈善基金会在自身网站上公布了接收和使用捐赠的明细,万科公益基金会在自身网站上公布了公益项目的开展情况等。

三 民政部主管非公募基金会公益项目开展情况

基金会是服务于公共利益、从事公益事业的非营利组织,开展公益活动是其核心业务,是实现其公益宗旨的直接途径。从近几年民政部公布的基金会年度工作报告来看,部管非公募基金会的公益项目主要集中在灾害救助、孤儿助养、疾病救助、贫困地区教育和贫困学生资助、农民工子弟教育、社区服务、基层公益组织培育、大学生就业、环境保护、基础学科支持、非营利性组织研究、少儿公益慈善意识培养等多个方面。我们筛选了一些有代表性的基金会的公益项目进行了归纳汇总，下面作一简要介绍。

1. 中国人寿慈善基金会"灾区孤儿助养"项目

2008年5月12日汶川大地震发生后，中国人寿于5月14日向社会郑重宣布：为了让所有在此次地震中失去父母的孤儿能够健康成长，中国人寿将通过中国人寿慈善基金会（当时为"国寿慈善基金会"）全面承担这些孤儿成长至18周岁的基本生活保障。同年11月11日，民政部与中国人寿慈善基金会在北京正式签署了"国寿汶川地震孤儿助养项目"合作协议。

项目的具体内容为：基金会将承担624名汶川地震孤儿每人每月600元的基本生活保障，时间自2008年12月起，至孤儿年满18周岁或被收养之日止。除助养金外，在征得孤儿监护人的允许后，基金会还将在民政部的指导和监督下为地震孤儿提供以下帮助。

（1）心理咨询

为帮助受助孤儿克服心理阴影健康成长，中国人寿慈善基金会与民政部合作聘请专业心理医生或辅导老师，为孤儿提供长期心理健康辅导，直至年满18周岁。

（2）教育支持

中国人寿慈善基金会可利用中国人寿旗下的保险职业学院和成都保险学校为地震孤儿提供高等职业教育和中等职业教育支持，并可对孤儿适当放宽入学条件，可全部或部分减免孤儿学杂费。

（3）就业支持

中国人寿慈善基金会可通过中国人寿及其分支机构为孤儿提供就业支持，并可对孤儿适当放宽招聘条件。

（4）爱心帮扶

中国人寿慈善基金会还将不定期地向孤儿及其监护人提供祝福、礼物、探望、保险、联谊等爱心帮扶。

2011年3月，中国人寿又与民政部在北京签署了"中国人寿玉树地震孤儿助养项目"和"中国人寿舟曲泥石流孤儿助养项目"合作协议。将自灾害发生之日起，由基金会为403名玉树地震致孤儿童和56名舟曲泥石流致孤儿童每人每月资助600元爱心助养金，直至每一名孤儿年满18周岁或被收养之日止。

2. 神华公益基金会"神华爱心行动"项目

神华公益基金会成立于2010年，虽然成立时间不长，但在2011年度，基金会捐资5000万元，与中国社会工作协会儿童社会救助工作委员会开展了"神华爱心行动"项目，主要救助14周岁以下贫困家庭白血病和先天性心脏病患儿，计划救助人数全年各不少于365名。截至2011年底，共救助"两病"患儿1236名，其中白血病患儿466名，先天性心脏病患儿770名，大大超出了预计目标。2012年，基金会将进一步巩固扩大项目的受益面，努力在定点医院形成绿色通道，救助1800~2000名孩子，争取将该项目做成具有全国影响力的公益项目（见图3）。

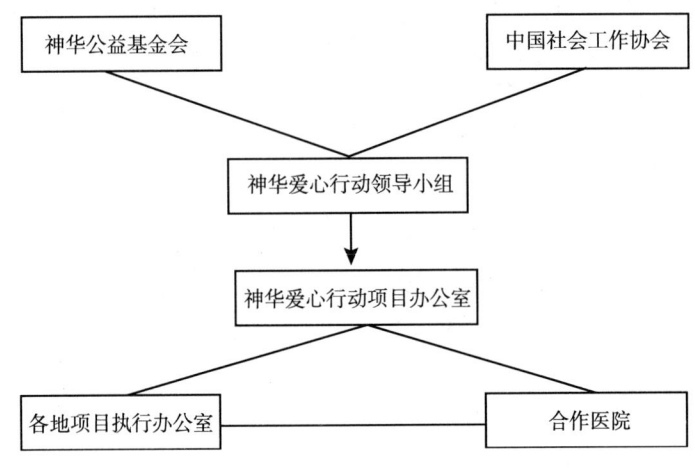

图3 "神华爱心行动"项目组织机构

3. 中远慈善基金会"远航·追梦"项目

（1）项目立项和实施概况

中远慈善基金会是最早在民政部登记的部管非公募基金会之一，

业务范围包括实施社会救助和扶助弱势群体。自成立以来，一直将扶贫济困、助学助教作为基金会的重要公益活动。从2007年开始，基金会决定实施"远航·追梦"项目，主要内容是针对云南省临沧市少数民族自治县贫困村小学教学设施设备简陋的实际，提供教育设施捐助。5年来，基金会共实施了五期项目，对临沧市少数民族贫困村小学捐助600多万元，为耿马傣族自治县、双江拉祜族佤族布朗族傣族自治县、沧源佤族自治县、镇康县和云县五个县的35所村完全小学一次性配齐了全新学生课桌椅8712套、高低床1513张、教师办公用桌714套、教桌224张、学生餐桌椅775套、实验桌柜32件套，为耿马县石灰窑完小、双江县下巴哈小学、弄巴完小等添置了电视机、照相机、电冰箱、电饭锅等教学、办公及生活设备等，并为所有项目学校的学生配备了新书包，受益学生达9141人，受益教师达611人。

（2）项目的实施效果与成效

一是极大地改善了项目学校学生的学习、生活条件及教师的办公条件，为学校综合办学能力的提高奠定了较为坚实的物质基础。

二是增强了教师扎根边疆、献身教育事业的责任心和事业心。

三是提高了学生家长送子女上学的积极性。

四是培养了学生从小知恩感恩、努力学习、立志高远、厚德弘毅、报效社会的优良品德。

五是引领和带动更多的好心人、慈善家来关心、支持边疆民族教育的发展，使更多的贫困家庭学生感受到社会大家庭的温暖。

六是提升了国门学校的良好形象，为中国公益慈善组织在边境少数民族贫困地区赢得了良好的声誉。

4. 香江社会救助基金会"5个1000"计划

香江社会救助基金会是《基金会管理条例》颁布以后在民政部登记的第一家部管非公募基金会。成立之初，基金会就聚焦于教育、扶贫、救助、赈灾等领域，坚持帮助受关注人群，并持续探索基金会可持续发展之路。2007年，基金会启动了"5个1000"爱心计划，即"建立1000个香江爱心图书室、资助1000个孤儿、帮助1000个贫困家庭、帮助和奖励1000个贫困学生、组织1000个义工"。经过5年多的努力，到2011年底，基金会不仅圆满完成了"5个1000计划"，而且在公益项目的设计和运作上更加成熟，已经形成了规范的体系和完善的网络。

（1）"香江爱心图书室"建设情况

自2007年首个"香江爱心图书室"在广东省汕尾市陆河县护北小学挂牌成立以来，基金会已在全国40多个市县捐建了1000多家"香江爱心图书室"，形成了一个全国领域的图书室网络。与此同时，基金会在2011年6月试行了"香江爱心图书室"标准化建设，邀请专业设计师和专业阅读教育机构对图书室的内部建设、书架设计、书籍分类摆放等工作作了更为规范的设计，对学校老师的阅读课程设置、图书室的开放要求、学生的阅读活动组织等也作了更为人性化的安排，以保证学生和老师能够在一个适合阅读的环境下，更加方便、快捷地借阅图书，最大程度保证图书室的规范化使用，进一步提升"香江爱心图书室"的可复制性和高效率连锁化的管理。

（2）孤儿资助情况

基金会从2007年开始重点关注孤儿群体，先后共捐赠300万元用于资助广东肇庆市1000名社会散居孤儿，极大地改善了这些孤儿的学习生活条件。2010年，基金会又启动了长期援孤计划，在肇庆市怀集文星儿童福利中心设立"香江之家"，资助近百名孤儿的学习、生活、医疗及保险等费用，直至他们成年。

（3）贫困家庭帮扶情况

基金会一直积极关注和参与广东"十项民心工程"的建设，2008年向广东省扶贫基金会捐款100万元，并为贵州贫困地区织金县的困难群众发放救济物品。2009~2011年，基金会连续3年在广东省共捐赠500万元援建"母亲安居房",解决贫困妇女最关心、最直接、最现实的住房难问题。同时,基金会还帮助广东江门、湖北恩施等地修建了多个老年活动中心、福利院等,使当地的孤独老人老有所养。

(4) 贫困学生帮扶奖励情况

基金会于2009年起,在江西财经大学和广东省女子职业技术学院分别设立了"香江卓越教育基金"。该项基金奖励勤奋好学的大学生和爱岗敬业的教师,同时还出资支持大学生开展社会实践及公益活动。项目实施以来,获得了广大师生的广泛好评。在此基础上,基金会又对部分高校进行了调研分析,并于2011年在中山大学新闻与传播学院设立了"香江卓越教育基金",支持在校就读的研究生完成学业,支持他们进行社会建设实践和研究,并与学院联合开展"公益传播研究"课题。截至2011年12月,该项基金共支持贫困大学生和研究生近百人,并通过学生社会实践和公益实践活动,帮助近万名贫困人口。

(5) 义工组织动员情况

基金会作为一个以"扬善"为目的的组织,不仅要运用自己的力量去开展活动,还应该用自己的行动去动员和引领社会力量参与到公益事业中来。在这一理念的指导下,香江社会救助基金会开展了形式多样的义工活动,倡导"参与、互助、奉献、进步"的义工精神,吸引和团结了一大批义工,形成了一支人数众多、乐于奉献的志愿者队伍。以2011年为例,全年共开展义工活动20多次,共500余人次参加了公益活动,既帮助了困难人群,也使义工本人得到启发和提升,对弘扬公益理念、彰显义工精神起到了积极的推动作用。

5. 爱佑慈善基金会"爱佑童心"项目

爱佑慈善基金会的前身为北京市华夏慈善基金会,2004年《基金会管理条例》出台后转到民政部登记,成为部管非公募基金会之

一。基金会成立之初，通过调研各类慈善项目，对社会上的不同弱势群体进行了分类评估，最终将救助对象锁定为孤贫儿童。2006年，基金会与民政部合作设立了"爱佑童心"——孤贫先天性心脏病患儿手术治疗项目。希望通过资源整合、优势互补探索建立基金会、政府相关部门及专业医疗机构联手合作的新型救助模式，使贫困患儿摆脱疾苦，获得新生，使患儿家庭摆脱沉重的经济负担和精神压力，进而减轻社会负担，为构建和谐社会做出切实努力。"爱佑童心"项目经过5年多的不断探索与实践，不断成长与发展。目前，"爱佑童心"项目已签订了18家定点医院，在东北、华北、华东、西北、西南、华中、华南地区分别建立了"爱佑童心"项目基地，其救助患儿数量超过13000名，资助总金额已经超过1亿元。同时，爱佑慈善基金会还与其他部管非公募基金会开展合作，建立了多个专项基金、如与招商局慈善基金会合作建立的"爱佑童心"招商局专项基金、与万科公益基金会合作建立的"爱佑童心"万科专项基金，与腾讯公益慈善基金会合作设立的"爱佑童心"子项目——"网救童心"等。

6. 华民慈善基金会"大学生就业扶助"项目

华民慈善基金会是截止到2011年底，原始基金额最大的两家部管非公募基金会之一。该基金会以扶助大学生就业为主体，在教育、救灾、养老、扶贫、助残、科研等领域开展了多层次、多角度的慈善服务工作。因为成绩突出，在民政部组织的基金会评估中被评为4A级基金会。另外，还被人力资源和社会保障部、国家发展和改革委员会及解放军总政治部联合授予汶川地震灾后恢复重建先进集体称号。

大学生就业扶助项目（Huamin Employment Assistance Project, HEAP）是华民慈善基金会的首推项目。目前，我国的大学生就业形势仍趋紧张，众多大学毕业生面临找不到工作的风险。大学生就业问题，尤其是家庭经济困难的大学生就业问题已经成为一个家长揪心、学校担心、学生忧心、社会关心的严峻的社会问题。这个问题，既关系到千万贫困生个人和家庭的切身利益，也关系到学校与教育的未来发展，更关系到社会的和谐与国家的未来。对此，基金会的"大学生就业扶助"项目努力尝试为一部分家庭经济困难的大学毕业生在就业方面提供一定的帮助，从而增强他们的自信，照亮他们的前程。项目将现金资助、能力提升、扶助就业三种方式相结合。首先，以现金资助的形式，帮助扶助对象在一定程度上缓解求职过程中的资金短缺。其次，为扶助对象提供提升就业能力的专项培训。另外，基金会还在积极筹建爱心企业信息平台，待条件成熟时，向受助学生提供爱心企业实习和就业信息服务。

该项目在2008年启动之初有20所合作院校，2009年增加了10所，2010年又增加了20所院校，到2011年基本保持在50所合作院校的规模，覆盖了国内除新疆、西藏以外的所有行政区域。4年来，累计申请人数达44344人，资助了应届毕业生15162人，培训学生31000多人次，迄今为止已经累计投入7581万元（见表3）。

表3 项目实施情况总体统计表

年份	合作高校数量(所)	申请人数(人)	受助学生人数(人)
2008	20	2846	1965
2009	30	9011	2957
2010	50	13958	5396
2011	50	18529	4844
合　计		44344	15162
总支出	7581(万元)		

基金会在巩固大学生就业扶助项目的同时，还在尝试开拓与之配套的系列项目。基金会已经先后与清华大学和中国残疾人福利基金会

分别就大学生赴西部就业和残疾人大学生奖学金项目进行了沟通商谈，目前正处于项目调研论证阶段。同时，基金会还与全国高校社团会长论坛组委会进行了接触，已经就通过高校学生社团向广大青年学生宣传推广公益慈善理念和文化，初步达成了共识。此外，基金会还积极支持内地、香港、台湾青年领袖夏令营活动，推动内地、香港和台湾大学生开展一系列公益交流活动。

7. 南都公益基金会"银杏伙伴成长计划"

南都公益基金会成立于2007年5月，是由上海南都集团有限公司出资1亿元在民政部登记注册的非公募基金会。该基金会的宗旨和使命是关注转型期的中国社会问题，资助优秀公益项目，推动民间组织的社会创新，促进社会平等和谐。

近年来，越来越多的优秀年轻人投身于公益行业，他们为公益行业增加了活力，促进了公益行业的增量改革。但在中国的公益行业还处在起步阶段的大背景下，他们的成长往往面临方方面面的问题，诸如：较低的收入和保障，从事的行业得不到亲友和社会的认可，缺乏专业知识和视野，没有一套工作和精神支持系统为他们的成长提供支撑等。为了支持公益领域的年轻人更好地成长，南都公益基金会发起了"银杏伙伴成长计划"。"银杏伙伴成长计划"倡导"胸怀天下、脚踏实地"的理念，是一个资助青年人去突破成长道路上的瓶颈，成为推动某一公益领域发展的领袖型人才的长期计划。其主要资助对象为"草根"机构的领导人或创始人。全国各地20～40岁有2年以上公益实践并准备继续投身于公益事业的青年人，不限专业领域、学历、身体状况等都可以成为"银杏伙伴"。"银杏伙伴成长计划"采取推荐人提名制，并常年接受提名和进行对被提名人的考察（见图4）。项目的基本评审标准是：优秀的个人、合适的成长阶段、发挥较大的杠杆作用。该计划同时倡导社会各界一起支持公益人才，搭建人才成长的支持体系。

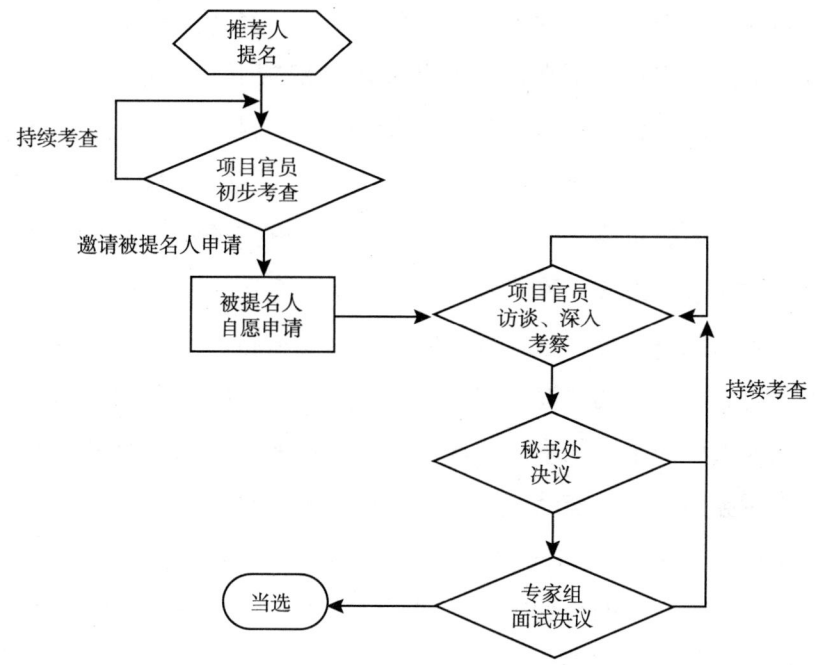

图4 "银杏伙伴成长计划"选拔流程

"银杏伙伴成长计划"主要以自我成长为主，因此，基金会正致力于不断整合资源，搭建平台，支持平台上各种资源的合作与交流，通过网络建设促进项目操作，发挥上一届伙伴对下一届伙伴的帮助和指导作用，并给予适度的媒体报道率，吸引更多的社会关注。另外，基金会也非常注重核心推荐人网络的发展和维护。通过沟通，让他们了解项目的动态和理念，从而为基金会推荐合适的候选人，提高推荐人的质量。

8. 天诺慈善基金会的藏区援助项目

天诺慈善基金会成立于2007年7月，原始基金为1亿元。基金会的宗旨是：通过项目援助、受援人参与培训等方式，为少数民族地区贫困人群提供基本教育、卫生、基本设施建设方面的帮助，帮助其提升自我发展能力，改善基本生产、生活条件，保护并发展民族传统

文化与高原生态环境，促进地方教育、文化、经济、医疗等可持续发展。基金会成立4年多来，在理事长亲自带领下深入藏区，建小学、建卫生站、修路、修水井，开展了大量援建项目，造福了藏区同胞。

首先，基金会在藏区阿坝州贫困地区开展了大量的慈善援助项目，设立了多所希望小学，帮助当地贫困家庭孩子就学，并提供资金完备的学校教学设施。除了教育项目，基金会还为藏区开展了医疗及生活的多个服务项目，包括修建房屋、修建道路、修建饮水井等，改善了以前交通不便的状况，解决了当地多个地区的饮水困难问题，提高了当地人民的生活水平。其次，基金会在海南藏族自治州捐建卫生站，为藏族同胞送去药品、食品、日用品等生活必需物资。2011年，再次向甘孜州多吉扎的同胞送去药品、食品、日用品等生活必需物资，直接送到贫困的少数民族同胞手中，并建立可查询的档案，实施严格、透明的捐助流程。除上述项目外，基金会还开展了其他公益活动，如继续在川藏地区资助饮水工程、修建乡村道路、修缮学校、援建卫生站等。

9. 凯风公益基金会"凯风系列"项目

凯风公益基金会成立于2007年3月，原始基金为5000万元，属于民营企业发起设立的非公募基金会。基金会主要通过机构合作方式，对在学术研究、政策研究、教育和公益实践方面获得重要成果、具备实力和潜力的学术精英和公益精英进行资助与奖励，进而达到提升公共福利、增加公众利益、传播公益思想的目的。

基金会成立以来，一直致力于打造品牌项目，目前已开发出"凯风学者""凯风研究""凯风学子"和"凯风工程"四大项目。在这四大项目的体系下，基金会开展了多种类型的公益活动，搭建起了覆盖一般青年、创新学者、治学名家、公益精英等多层次社会群体及相关平台的公益资助网络，切实加强了与国内外同行之间的合作与交流，在培养我国优秀青年、推动社会政策研究、鼓励社会事业的创新发展、促进中西文化交流、光大本土文化、促进非公募基金会行业的发展等方面均做出了贡献。2011年，基金会累计对外捐赠2373.08万元，有力地支持了四大项目的开展。

10. 腾讯公益慈善基金会"网络公益平台"项目

腾讯公益慈善基金会是2007年6月在民政部登记注册的部管非公募基金会。该基金会由腾讯公司发起，是中国第一家由互联网企业发起成立的基金会。基金会的宗旨是：致力公益慈善事业，关爱青少年成长，倡导企业公民责任，推动社会和谐进步；致力于互联网与公益慈善事业的深度融合，通过互联网领域的技术、传播优势，缔造"人人可公益，民众齐参与"的公益2.0模式；致力推动网络公益新生态的建设。倡导"精彩生活，分享爱"的公益价值观，创建了基于"最透明的公益行为、最开放的公益伙伴、最创新的公益实践、最全面的公益资讯"的腾讯公益矩阵，推动公益慈善行为成为亿万网民的流行时尚与生活习惯，推动中国互联网在企业公民、社会责任领域的积极实践及创新贡献。

腾讯公益慈善基金会成立以后，即联合腾讯网搭建了全方位的网络公益2.0平台——腾讯公益网。网站于2007年6月6日上线，目前包括网络捐赠平台、志愿者活动平台、公益资讯、公益社区等模块，并推出如QQ公益成长体系、月捐计划等特色网络公益项目，与中国青少年发展基金会、中国儿童少年基金会、中国扶贫基金会、中国绿化基金会等众多知名公益组织建立了战略合作伙伴关系，开展了多种形式的合作，共同推进公益事业的可持续发展。

2011年，腾讯公益慈善基金会继续借助网络平台，开展了大量的公益活动。首先，腾讯公益慈善基金会联合中国扶贫基金会等发起了"全民公益"的号召，倡议人人公益，同时和腾讯网联合开展"活着"、燕山公益讲堂、腾讯公益眼等公益传播项目，传播公益资讯。其次，腾讯公益"月捐计划"和中国绿化基金会、中国扶贫基

金会、联合国世界粮食计划署、中国儿童少年基金会、中国红十字基金会等公益组织合作，新开设了"网护森林——高黎贡山保护行动""网织希望——为饥饿儿童送营养行动""网筑梦想——乡村学生梦想书屋建设行动""网塑微笑——唇腭裂儿童救助行动""网汇真情——爱心包裹贫困地区学生圆梦行动"5个"月捐计划"。据统计，腾讯网络捐款平台2011年全年为公益合作伙伴累计筹集善款超过1600万元。

除上述公益项目外，还有桃源居公益事业发展基金会的社区社会组织培育项目，王振滔慈善基金会的"爱心接力计划"，人保慈善基金会的小额公益资助项目，心平公益基金会的"从图书到阅读"项目，海仓慈善基金会的老红军、老八路扶助项目，国家电网公益基金会的"国家电网卓越创新基金"，中国移动慈善基金会的中国温暖"12·1"关爱行动，招商局慈善基金会的小额信贷扶贫项目，比亚迪慈善基金会的新能源项目，安利公益基金会的"春苗营养计划""阳光成长计划"和"彩虹支教计划"三大重点项目，万科公益基金会的"左右地球"环保项目，陈香梅公益基金会的"凤凰公益沙龙"活动，中社社会工作发展基金会的"新疆民族地区社工服务示范站建设项目"，亨通慈善基金会的助残扶老项目，永恒慈善基金会的救助失学儿童，扶助边远山区教育，开办环保及安老等活动，济仁慈善基金会的"特困家庭儿童孤独症、脊髓空洞症救助"项目，阿里巴巴公益基金会的"青川公益项目"，德康博爱基金会的助学金项目等。这些公益项目的受益对象主要是贫困的母亲、儿童、学生、失业者、残疾人、疾病患者等，展现了部管非公募基金会解决社会问题、缓解社会矛盾、推动社会发展的能力。

附 录
Appendix

B.6 关于规范基金会行为的若干规定（试行）

民政部关于印发《关于规范基金会行为的若干规定（试行）》的通知

民发〔2012〕124号

各省、自治区、直辖市民政厅（局），各计划单列市民政局，新疆生产建设兵团民政局：

根据《中华人民共和国公益事业捐赠法》《基金会管理条例》《基金会信息公布办法》等有关法规和政策规定，我部制定了《关于规范基金会行为的若干规定（试行）》，现印发给你们，请遵照执行。

各级登记管理机关要切实履行监督管理职责，在日常监督、年度检查和评估工作中，对基金会加强指导与检查。对于违反有关法规和政策规定的基金会，登记管理机关应当视情节轻重依法给予基本合格或不合格的年检结论，有评估等级的可以降低评估等级；情节严重的，应当依法给予行政处罚。

二〇一二年七月十日

关于规范基金会行为的若干规定（试行）

为确保基金会恪守公益宗旨，规范开展活动，扩大公开透明，维护捐赠人、受益人和基金会的合法权益，进一步促进基金会健康发展，现对基金会行为规范中的若干问题作出如下规定。

一　基金会接受和使用公益捐赠

（一）基金会接受捐赠，应当与捐赠人明确权利义务，并根据捐赠人的要求与其订立书面捐赠协议。

基金会接受捐赠应当确保公益性。附加对捐赠人构成利益回报条件的赠与和不符合公益性目的的赠与，不应确认为公益捐赠，不得开具捐赠票据。

（二）基金会应当在实际收到捐赠后据实开具捐赠票据。捐赠人不需要捐赠票据的，或者匿名捐赠的，也应当开具捐赠票据，由基金会留存备查。

基金会接受非现金捐赠，应当在实际收到后确认收入并开具捐赠票据。受赠财产未经基金会验收确认，由捐赠人直接转移给受助人或者其他第三方的，不得作为基金会的捐赠收入，不得开具捐赠票据。

（三）基金会接受非现金捐赠，应当按照以下方法确定入账价值：

1. 捐赠人提供了发票、报关单等凭据的，应当以相关凭据作为确认入账价值的依据；捐赠方不能提供凭据的，应当以其他确认捐赠财产的证明，作为确认入账价值的依据；

2. 捐赠人提供的凭据或其他能够确认受赠资产价值的证明上标明的金额与受赠资产公允价值相差较大的，应当以其公允价值作为入账价值。

捐赠人捐赠固定资产、股权、无形资产、文物文化资产，应当以具有合法资质的第三方机构的评估作为确认入账价值的依据。无法评估或经评估无法确认价格的，基金会不得计入捐赠收入，不得开具捐赠票据，应当另外造册登记。

（四）基金会接受食品、药品、医疗器械等捐赠物品时，应当确保物品在到达最终受益人时仍处于保质期内且具有使用价值。

（五）基金会接受企业捐赠本企业生产的产品，应当要求企业提供产品质量认证证明或者产品合格证，以及受赠物品的品名、规格、种类、数量等相关资料。

（六）基金会应当将接受的捐赠财产用于资助符合其宗旨和业务范围的活动和事业。对于指定用于救助自然灾害等突发事件的受赠财产，用于应急的应当在应急期结束前使用完毕；用于灾后重建的应当在重建期结束前使用完毕。

对确因特殊原因无法使用完毕的受赠财产，基金会可在取得捐赠人同意或在公开媒体上公示后，将受赠财产用于与原公益目的相近似的目的。

（七）基金会与捐赠人订立了捐赠协议的，应当按照协议约定使用受赠财产。如需改变用途，应当征得捐赠人同意且仍需用于公益事业；确实无法征求捐赠人意见的，应当按照基金会的宗旨用于与原公益目的相近似的目的。

（八）捐赠协议和募捐公告中约定可以从公益捐赠中列支工作人员工资福利和行政办公支出的，按照约定列支；没有约定的，不得从公益捐赠中列支。同时，基金会工作人员工资福利和行政办公支出应当符合《基金会管理条例》的要求，累计不得超过当年总支出的10%。

工作人员工资福利包括：

1. 全体工作人员的工资、福利费、住房公积金、社会保险（障）费（含离退休人员）；

2. 担任专职工作理事的津贴、补助和理事会运行费用。

行政办公支出包括：组织日常运作的办公费、水电费、邮电费、物业管理费、会议费、广告费、市内交通费、差旅费、折旧费、修理费、租赁费、无形资产摊销费、资产盘亏损失、资产减值损失、因预计负债所产生的损失、审计费以及聘请中介机构费和应偿还的受赠资产等。

（九）基金会用于公益事业的支出包括直接用于受助人的款、物和为开展公益项目发生的直接运行费用。

项目直接运行费用包括：

1. 支付给项目人员的报酬，包括工资福利、劳务费、专家费等；

2. 为立项、执行、监督和评估公益项目发生的费用，包括差旅费、交通费、通信费、会议费、购买服务费等；

3. 为宣传、推广公益项目发生的费用，包括广告费、购买服务费等；

4. 因项目需要租赁房屋、购买和维护固定资产的费用，包括所发生的租赁费、折旧费、修理费、办公费、水电费、邮电费、物业管理费等；

5. 为开展项目需要支付的其他费用。

捐赠协议和募捐公告中约定可以从公益捐赠中列支项目直接运行费用的，按照约定列支；没有约定的，不得超出本基金会规定的标准支出。

（十）基金会应当对公益捐赠的使用情况进行全过程监督，确保受赠款物及时足额拨付和使用。

（十一）基金会选定公益项目执行方、受益人，应当遵循公开、公正、公平和诚实信用的原则，保护社会公共利益和与项目有关的当事人的合法权益。

基金会不得资助以赢利为目的开展的活动。

二 基金会的交易、合作及保值增值

（一）基金会应当严格区分交换交易收入和捐赠收入。通过出售物资、提供服务、授权使用或转让资产包括无形资产等交换交易取得的收入，应当计入商品销售收入、提供服务收入等相关会计科目，不得计入捐赠收入，不得开具公益事业捐赠票据。

（二）基金会进行交换交易，应当保护自身和社会公众的合法权益。不得以低于公允价值的价格出售物资、提供服务、授权或者转让无形资产；不得以高于公允价值的价格购买产品和服务。

（三）基金会不得将本组织的名称，公益项目品牌等其他应当用于公益目的的无形资产用于非公益目的。

（四）基金会不得直接宣传、促销、销售企业的产品和品牌；不得为企业及其产品提供信誉或者质量担保。

（五）基金会不得向个人、企业直接提供与公益活动无关的借款。

（六）基金会进行保值增值活动时，应当遵守以下规定：

1. 基金会进行保值增值应当遵守合法、安全、有效的原则。符合基金会的宗旨，维护基金会的信誉，遵守与捐赠人和受助人的约定，保证公益支出的实现；

2. 基金会可用于保值增值的资产限于非限定性资产、在保值增值期间暂不需要拨付的限定性资产；

3. 基金会进行委托投资，应当委托银行或者其他金融机构进行。

三 基金会的信息公布

（一）基金会的信息公布工作，应当符合《基金会信息公布办法》的要求。

（二）基金会通过义演、义赛、义卖、义展等活动进行募捐时，应当在开展募捐前向社会公布捐赠人权利义务、资金详细使用计划、成本预算；在资金使用过程中计划有调整的，应当及时向公众公布调整后的计划。

（三）基金会通过募捐以及为自然灾害等突发事件接受的公益捐赠，应当在取得捐赠收入后定期在本组织网站和其他媒体上公布详细的收入和支出明细，包括捐赠收入、直接用于受助人的款物、与所开展的公益项目相关的各项直接运行费用等，在捐赠收入中列支了工作人员工资福利和行政办公支出的，还应当公布列支的情况。项目运行周期大于3个月的，每3个月公示1次；所有项目应当在项目结束后进行全面公示。

（四）捐赠人有权查询捐赠财产的使用、管理情况。对于捐赠人的查询，基金会应当及时如实答复。

（五）基金会的年度工作报告除在登记管理机关指定的媒体上公布外，还应当置备于本基金会，接受捐赠人的查询。

（六）基金会应当及时向社会公众公布下列信息：

1. 发起人；

2. 主要捐赠人；

3. 基金会理事主要来源单位；

4. 基金会投资的被投资方；

5. 其他与基金会存在控制、共同控制或者重大影响关系的个人或组织；

6. 基金会与上述个人或组织发生的交易。

（七）基金会应当建立健全内部制度，将所有分支机构、代表机构、专项基金以及各项业务活动纳入统一管理。

基金会应当在内部制度中对下列问题作出规定：

1. 各项工作人员工资福利和行政办公支出（以下简称日常运作费用）的支付标准、列支原则、审批程序，以及占基金会总支出的比例；

2. 开展公益项目所发生的与该项目直接相关的运行成本（以下简称项目直接成本）的支付标准、列支原则、审批程序，以及占该项目总支出的比例；

3. 资产管理和处置的原则、风险控制机制、审批程序，以及用于投资的资产占基金会总资产的比例。

基金会的内部制度，应当在登记管理机关指定的媒体或者本组织网站等其他便于社会公众查询的媒体上予以公开。

本规定适用于在民政部门登记注册的基金会和其他具有公益性捐赠税前扣除资格的社会团体。

B.7
关于加强和完善基金会注册会计师审计制度的通知

财政部 民政部关于加强和完善基金会注册会计师审计制度的通知

财会〔2011〕23号

为了规范基金会的行为,提高基金会的财务管理和会计工作水平,扩大基金会的公开、透明程度,加强政府部门对基金会的监管,充分发挥注册会计师审计监督作用,维护基金会、捐赠人和受益人的合法权益,根据《基金会管理条例》(国务院令第400号)、《国务院办公厅转发财政部关于加快发展我国注册会计师行业若干意见的通知》(国办发〔2009〕56号)和《民间非营利组织会计制度》(财会〔2004〕7号)等法规文件的相关要求,财政部和民政部决定加大基金会注册会计师审计制度的实施力度,现就有关事项通知如下:

一 审计的类别与形式

基金会应当聘用会计师事务所对本单位的财务会计报告及相关信息进行审计,并依法披露财务会计报告和审计报告,接受社会公众的监督。登记管理机关为履行监管职责,也可以直接委托会计师事务所对基金会进行审计。

(一)年度审计

基金会应当于每年3月31日前向登记管理机关报送上一年度经

注册会计师审计的年度财务会计报告和会计师事务所出具的审计报告，接受年度检查；同时将年度财务会计报告在登记管理机关指定的统一信息公开平台上公布，接受社会公众的查询和监督。

基金会年度财务会计报告可以单独予以披露，也可以包含在年度工作报告中一并披露。基金会在依照相关法律法规申请公益性捐赠税前扣除资格、非营利组织免税资格以及办理免税手续时，应当按照有关文件的规定，将年度财务会计报告和审计报告等相关资料分别报送登记管理机关和与其同级的财政、税务部门。

（二）离任和换届审计

1. 基金会在法定代表人变更时，应当向登记管理机关报送注册会计师出具的对法定代表人任职期间经济责任的履行情况作出审计评价并提出审计建议的审计报告，并按照登记管理机关的要求向社会公布。

2. 基金会在理事会换届时，应当向登记管理机关报送注册会计师出具的对理事会任期内财务收支真实、合法和效益等情况作出审计评价并提出审计建议的审计报告，并按照登记管理机关的要求向社会公布。

（三）专项审计

基金会开展以下活动的，应当实施专项审计，在活动结束后向登记管理机关报送经注册会计师审计的专项审计报告，并按照登记管理机关的要求向社会公布。

1. 符合以下条件之一的重大公益项目：

（1）当年该项目的捐赠收入占基金会当年捐赠总收入的 1/5 以上且金额超过人民币 50 万元的；

（2）当年该项目的支出占基金会当年总支出的 1/5 以上且金额超过人民币 50 万元的；

（3）持续时间超过 3 年的。

2. 因参与处理自然灾害等突发事件需要开展的募捐活动。

3. 登记管理机关要求进行专项审计的其他活动。

二 审计经费来源和支付方式

基金会审计经费由下列一项或多项来源构成：

（一）基金会自行承担

基金会应当根据《基金会管理条例》及其他有关要求，自行承担审计费用。

（二）财政资金

按照基金会管理权限，中央财政和地方财政安排一定的资金，由登记管理机关在以下三种情形下使用：

1. 基金会确因资金困难无法承担审计费用的，可以向登记管理机关提出资助申请，登记管理机关视困难程度给予全额或一定比例的资助。相关申请和管理办法由登记管理机关商同级财政部门另行制定。

2. 对于内部治理结构完善、财务管理透明、公益项目运作规范、评估等级较高且同时具备公益性捐赠税前扣除资格和非营利组织免税资格的基金会，登记管理机关可以奖励形式全额或部分承担审计费用。

3. 登记管理机关为履行监管职责直接委托会计师事务所对基金会进行的审计，审计费用由登记管理机关承担。

登记管理机关应当按照国库集中支付管理制度和合同约定，将审计费用支付给受托会计师事务所。

（三）会计师事务所公益审计

财政部门和民政部门鼓励会计师事务所为部分确有困难的基金会提供公益审计服务。会计师事务所提供公益审计服务，是履行社会责任的一种重要形式，中国注册会计师协会和地方注册会计师协会在具体开展全国及各省（自治区、直辖市）会计师事务所年度综合评价排名时应当予以考虑。

三 会计师事务所选聘范围和方式

（一）选聘范围

对在民政部登记的基金会实施审计的会计师事务所，应当进入中国注册会计师协会公布的上一年度全国会计师事务所综合评价前100名；或具备三年以上（含三年）从事基金会或其他非营利组织审计工作经验，且注册会计师人数在15人以上，上一年度审计业务收入在600万元以上。

对在省级及以下民政部门登记的基金会实施审计的会计师事务所，应当进入全国会计师事务所综合评价前100名；或具备三年以上（含三年）从事基金会或其他非营利组织审计工作经验，且注册会计师人数在10人以上，上一年度审计业务收入在300万元以上。

（二）选聘方式

基金会及其登记管理机关可以从上述范围内自行选聘会计师事务所；其中，使用财政资金聘请会计师事务所的，应当按照政府采购制度有关规定选聘会计师事务所。

四 相关要求

加强审计工作，强化社会监督，既是提高基金会公信力的有效举措，也是登记管理机关和其他有关部门依法监管的重要手段。

（一）各级财政部门和民政部门要高度重视这项工作，为会计师事务所依法依规做好审计工作提供保障，加强对会计师事务所和基金会的业务培训，加大检查力度，确保本通知的有关规定落到实处。

（二）各基金会应当深刻领会加强和完善审计制度的重要意义，积极配合注册会计师的审计工作，及时提供审计所需资料，并对所提供资料的真实性、合法性负责。基金会应当以此为契机，加强项目管理、收支管理和成本核算，不断提高财务管理和会计工作水平。

（三）参与基金会审计的会计师事务所应当按照法律法规和委托方要求，组织具有胜任能力的审计人员开展工作，严格遵守审计准则和职业道德的规定，认真完成各项审计工作，对审计报告的真实性和合法性负责。

（四）本通知自2012年1月1日起施行。考虑到基金会审计工作的连续性，如确有必要，基金会在参加2011年年度检查工作时可以继续聘请原会计师事务所开展审计工作。但在2012年年检工作启动时，必须根据本通知的要求聘请符合规定的会计师事务所开展审计工作。

（五）本通知适用于在民政部门登记注册的基金会、境外基金会代表机构和其他具有公益性捐赠税前扣除资格的公益性社会团体。

财政部　民政部
二〇一一年十二月二十六日

中国皮书网

发布皮书研创资讯，传播皮书精彩内容
引领皮书出版潮流，打造皮书服务平台

栏目设置：

- □ 资讯：皮书动态、皮书观点、皮书数据、皮书报道、皮书新书发布会、电子期刊
- □ 标准：皮书评价、皮书研究、皮书规范、皮书专家、编撰团队
- □ 服务：最新皮书、皮书书目、重点推荐、在线购书
- □ 链接：皮书数据库、皮书博客、皮书微博、出版社首页、在线书城
- □ 搜索：资讯、图书、研究动态
- □ 互动：皮书论坛

www.pishu.cn

中国皮书网依托皮书系列"权威、前沿、原创"的优质内容资源，通过文字、图片、音频、视频等多种元素，在皮书研创者、使用者之间搭建了一个成果展示、资源共享的互动平台。

自2005年12月正式上线以来，中国皮书网的IP访问量、PV浏览量与日俱增，受到海内外研究者、公务人员、商务人士以及专业读者的广泛关注。

2008年10月，中国皮书网获得"最具商业价值网站"称号。

2011年全国新闻出版网站年会上，中国皮书网被授予"2011最具商业价值网站"荣誉称号。

皮书数据库

权威报告　热点资讯　海量资源

当代中国与世界发展的高端智库平台

皮书数据库 www.pishu.com.cn

皮书数据库是专业的人文社会科学综合学术资源总库，以大型连续性图书——皮书系列为基础，整合国内外相关资讯构建而成。包含七大子库，涵盖两百多个主题，囊括了近十几年间中国与世界经济社会发展报告，覆盖经济、社会、政治、文化、教育、国际问题等多个领域。

皮书数据库以篇章为基本单位，方便用户对皮书内容的阅读需求。用户可进行全文检索，也可对文献题目、内容提要、作者名称、作者单位、关键字等基本信息进行检索，还可对检索到的篇章再作二次筛选，进行在线阅读或下载阅读。智能多维度导航，可使用户根据自己熟知的分类标准进行分类导航筛选，使查找和检索更高效、便捷。

权威的研究报告，独特的调研数据，前沿的热点资讯，皮书数据库已发展成为国内最具影响力的关于中国与世界现实问题研究的成果库和资讯库。

皮书俱乐部会员服务指南

1. 谁能成为皮书俱乐部会员？

- 皮书作者自动成为皮书俱乐部会员；
- 购买皮书产品（纸质图书、电子书、皮书数据库充值卡）的个人用户。

2. 会员可享受的增值服务：

- 免费获赠该纸质图书的电子书；
- 免费获赠皮书数据库100元充值卡；
- 免费定期获赠皮书电子期刊；
- 优先参与各类皮书学术活动；
- 优先享受皮书产品的最新优惠。

卡号：2603143904079756
密码：

（本卡为图书内容的一部分，不购书刮卡，视为盗书）

3. 如何享受皮书俱乐部会员服务？

（1）如何免费获得整本电子书？

购买纸质图书后，将购书信息特别是书后附赠的卡号和密码通过邮件形式发送到pishu@188.com，我们将验证您的信息，通过验证并成功注册后即可获得该本皮书的电子书。

（2）如何获赠皮书数据库100元充值卡？

第1步：刮开附赠卡的密码涂层（左下）；

第2步：登录皮书数据库网站（www.pishu.com.cn），注册成为皮书数据库用户，注册时请提供您的真实信息，以便您获得皮书俱乐部会员服务；

第3步：注册成功后登录，点击进入"会员中心"；

第4步：点击"在线充值"，输入正确的卡号和密码即可使用。

皮书俱乐部会员可享受社会科学文献出版社其他相关免费增值服务
您有任何疑问，均可拨打服务电话：010-59367227　QQ:1924151860
欢迎登录社会科学文献出版社官网(www.ssap.com.cn)和中国皮书网（www.pishu.cn）了解更多信息

社会科学文献出版社　　皮书系列

"皮书"起源于十七、十八世纪的英国，主要指官方或社会组织正式发表的重要文件或报告，多以"白皮书"命名。在中国，"皮书"这一概念被社会广泛接受，并被成功运作、发展成为一种全新的出版形态，则源于中国社会科学院社会科学文献出版社。

皮书是对中国与世界发展状况和热点问题进行年度监测，以专家和学术的视角，针对某一领域或区域现状与发展态势展开分析和预测，具备权威性、前沿性、原创性、实证性、时效性等特点的连续性公开出版物，由一系列权威研究报告组成。皮书系列是社会科学文献出版社编辑出版的蓝皮书、绿皮书、黄皮书等的统称。

皮书系列的作者以中国社会科学院、著名高校、地方社会科学院的研究人员为主，多为国内一流研究机构的权威专家学者，他们的看法和观点代表了学界对中国与世界的现实和未来最高水平的解读与分析。

自20世纪90年代末推出以经济蓝皮书为开端的皮书系列以来，至今已出版皮书近800部，内容涵盖经济、社会、政法、文化传媒、行业、地方发展、国际形势等领域。皮书系列已成为社会科学文献出版社的著名图书品牌和中国社会科学院的知名学术品牌。

皮书系列在数字出版和国际出版方面成就斐然。皮书数据库被评为"2008~2009年度数字出版知名品牌"；经济蓝皮书、社会蓝皮书等十几种皮书每年还由国外知名学术出版机构出版英文版、俄文版、韩文版和日文版，面向全球发行。

2011年，皮书系列正式列入"十二五"国家重点出版规划项目；2012年，部分重点皮书列入中国社会科学院承担的国家哲学社会科学创新工程项目；一年一度的皮书年会升格由中国社会科学院主办。

法律声明

"皮书系列"(含蓝皮书、绿皮书、黄皮书)由社会科学文献出版社最早使用并对外推广,现已成为中国图书市场上流行的品牌,是社会科学文献出版社的品牌图书。社会科学文献出版社拥有该系列图书的专有出版权和网络传播权,其LOGO( )与"经济蓝皮书"、"社会蓝皮书"等皮书名称已在中华人民共和国工商行政管理总局商标局登记注册,社会科学文献出版社合法拥有其商标专用权。

未经社会科学文献出版社的授权和许可,任何复制、模仿或以其他方式侵害"皮书系列"和LOGO( )、"经济蓝皮书"、"社会蓝皮书"等皮书名称商标专用权的行为均属于侵权行为,社会科学文献出版社将采取法律手段追究其法律责任,维护合法权益。

欢迎社会各界人士对侵犯社会科学文献出版社上述权利的违法行为进行举报。电话:010-59367121,电子邮箱:fawubu@ssap.cn。

社会科学文献出版社

盘点年度资讯 预测时代前程

社会科学文献出版社

2013年
皮书系列

权威·前沿·原创

社会科学文献出版社
SOCIAL SCIENCES ACADEMIC PRESS (CHINA)

社长致辞

我们是图书出版者,更是人文社会科学内容资源供应商;

我们背靠中国社会科学院,面向中国与世界人文社会科学界,坚持为人文社会科学的繁荣与发展服务;

我们精心打造权威信息资源整合平台,坚持为中国经济与社会的繁荣与发展提供决策咨询服务;

我们以读者定位自身,立志让爱书人读到好书,让求知者获得知识;

我们精心编辑、设计每一本好书以形成品牌张力,以优秀的品牌形象服务读者,开拓市场;

我们始终坚持"创社科经典,出传世文献"的经营理念,坚持"权威、前沿、原创"的产品特色;

我们"以人为本",提倡阳光下创业,员工与企业共享发展之成果;

我们立足于现实,认真对待我们的优势、劣势,我们更着眼于未来,以不断的学习与创新适应不断变化的世界,以不断的努力提升自己的实力;

我们愿与社会各界友好合作,共享人文社会科学发展之成果,共同推动中国学术出版乃至内容产业的繁荣与发展。

社会科学文献出版社社长
中国社会学会秘书长

2013 年 1 月

社会科学文献出版社　　皮书系列

"皮书"起源于十七、十八世纪的英国，主要指官方或社会组织正式发表的重要文件或报告，多以"白皮书"命名。在中国，"皮书"这一概念被社会广泛接受，并被成功运作、发展成为一种全新的出版形态，则源于中国社会科学院社会科学文献出版社。

皮书是对中国与世界发展状况和热点问题进行年度监测，以专家和学术的视角，针对某一领域或区域现状与发展态势展开分析和预测，具备权威性、前沿性、原创性、实证性、时效性等特点的连续性公开出版物，由一系列权威研究报告组成。皮书系列是社会科学文献出版社编辑出版的蓝皮书、绿皮书、黄皮书等的统称。

皮书系列的作者以中国社会科学院、著名高校、地方社会科学院的研究人员为主，多为国内一流研究机构的权威专家学者，他们的看法和观点代表了学界对中国与世界的现实和未来最高水平的解读与分析。

自20世纪90年代末推出以经济蓝皮书为开端的皮书系列以来，至今已出版皮书近800部，内容涵盖经济、社会、政法、文化传媒、行业、地方发展、国际形势等领域。皮书系列已成为社会科学文献出版社的著名图书品牌和中国社会科学院的知名学术品牌。

皮书系列在数字出版和国际出版方面成就斐然。皮书数据库被评为"2008~2009年度数字出版知名品牌"；经济蓝皮书、社会蓝皮书等十几种皮书每年还由国外知名学术出版机构出版英文版、俄文版、韩文版和日文版，面向全球发行。

2011年，皮书系列正式列入"十二五"国家重点出版规划项目，一年一度的皮书年会升格由中国社会科学院主办；2012年，部分重点皮书列入中国社会科学院承担的国家哲学社会科学创新工程项目。

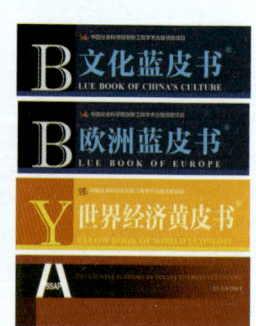

皮书系列 重点推荐

 经济类

经 济 类

经济类皮书涵盖宏观经济、城市经济、大区域经济，提供权威、前沿的分析与预测

经济蓝皮书
2013年中国经济形势分析与预测（赠阅读卡）

陈佳贵　李 扬/主编　　2012年12月出版　　估价：59.00元

◆ 本书课题为"总理基金项目"，由著名经济学家陈佳贵、李扬领衔，联合数十家科研机构、国家部委和高等院校的专家共同撰写，其内容涉及宏观决策、财政金融、证券投资、工业调整、就业分配、对外贸易等一系列热点问题。本报告权威把脉中国经济2012年运行特征及2013年发展趋势。

世界经济黄皮书
2013年世界经济形势分析与预测（赠阅读卡）

王洛林　张宇燕/主编　　2013年1月出版　　估价：59.00元

◆ 2012年全球经济复苏步伐明显放缓，发达国家复苏动力不足，主权债务危机的升级以及长期的低利率也大大压缩了财政与货币政策调控的空间。本书围绕因此而来的国际金融市场震荡频发、国际贸易与投资增长乏力等经济问题对世界经济进行了分析展望。

国家竞争力蓝皮书
中国国家竞争力报告No.2（赠阅读卡）

倪鹏飞/主编　　2013年4月出版　　估价：69.00元

◆ 本书运用有关竞争力的最新经济学理论，选取全球100个主要国家，在理论研究和计量分析的基础上，对全球国家竞争力进行了比较分析，并以这100个国家为参照系，指明了中国的位置和竞争环境，为研究中国的国家竞争力地位、制定全球竞争战略提供参考。

经济类

城市竞争力蓝皮书
中国城市竞争力报告 No.11（赠阅读卡）

倪鹏飞/主编　　2013年5月出版　　估价:69.00元

◆ 本书由中国社会科学院城市与竞争力中心主任倪鹏飞主持编写，汇集了众多研究城市经济问题的专家学者关于城市竞争力研究的最新成果。本报告构建了一套科学的城市竞争力评价指标体系，采用第一手数据材料，对国内重点城市年度竞争力格局变化进行客观分析和综合比较、排名，对研究城市经济及城市竞争力极具参考价值。

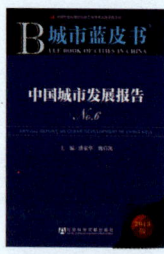

城市蓝皮书
中国城市发展报告 No.6（赠阅读卡）

潘家华　魏后凯/主编　　2013年8月出版　　估价:59.00元

◆ 本书由中国社会科学院城市发展与环境研究所主编，以聚焦新时期中国城市发展中的民生问题为主题，紧密联系现阶段中国城镇化发展的客观要求，回顾总结中国城镇化进程中城市民生改善的主要成效，并对城市发展中的各种民生问题进行全面剖析，在此基础上提出了民生优先的城市发展思路，以及改善城市民生的对策建议。

农村绿皮书
中国农村经济形势分析与预测(2012~2013)（赠阅读卡）

中国社会科学院农村发展研究所　国家统计局农村社会经济调查司/著

2013年4月出版　　估价：59.00元

◆ 本书对2012年中国农业和农村经济运行情况进行了系统的分析和评价，对2013年中国农业和农村经济发展趋势进行了预测，并提出相应的政策建议，专题部分将围绕某个重大的理论和现实问题进行多维、深入、细致的分析和探讨。

西部蓝皮书
中国西部经济发展报告(2013)（赠阅读卡）

姚慧琴　徐璋勇/主编　　2013年7月出版　　估价:69.00元

◆ 本书由西北大学中国西部经济发展研究中心主编，汇集了源自西部本土以及国内研究西部问题的权威专家的第一手资料，对国家实施西部大开发战略进行年度动态跟踪，并对2013年西部经济、社会发展态势进行预测和展望。

宏观经济蓝皮书

中国经济增长报告(2012~2013)（赠阅读卡）

张 平 刘霞辉/主编　2013年7月出版　估价：69.00元

◆ 本书由中国社会科学院经济研究所组织编写，独创了中国各省（区、市）发展前景评价体系，通过产出效率、经济结构、经济稳定、产出消耗、增长潜力等近60个指标对中国各省（区、市）发展前景进行客观评价，并就"十二五"时期中国经济面临的主要问题进行全面分析。

经济蓝皮书春季号

中国经济前景分析——2013年春季报告（赠阅读卡）

陈佳贵 李扬/主编　2013年5月出版　估价：59.00元

◆ 本书是经济蓝皮书的姊妹篇，是中国社会科学院"中国经济形势分析与预测"课题组推出的又一重磅作品，在模型模拟与实证分析的基础上，从我国面临的国内外环境入手，对2013年春季及全年经济全局及工业、农业、财政、金融、外贸、就业等热点问题进行多角度考察与研究，并提出政策建议，具有较强的实用性、科学性和前瞻性。

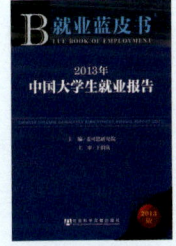

就业蓝皮书

2013年中国大学生就业报告（赠阅读卡）

麦可思研究院/主编　王伯庆/主审　2013年6月出版　估价：98.00元

◆ 大学生就业是社会关注的热点和难点，本书是在麦可思研究院"中国2010届大学毕业生求职与工作能力调查"数据的基础上，由麦可思公司与西南财经大学共同完成的2013年度大学毕业生就业及重点产业人才分析报告。

国际城市蓝皮书

国际城市发展报告(2013)（赠阅读卡）

屠启宇/主编　2013年1月出版　估价：69.00元

◆ 国际城市蓝皮书是由上海社会科学院城市与区域研究中心主办、世界经济研究所国际政治经济学研究室协办的关于国际城市发展动态的年度报告，力求为中国城市发展的决策者、操作者、研究者和关注者把握与借鉴国际城市发展动态、规律和实践，提供及时、全面、权威的解读。

皮书系列重点推荐

社会政法类

社会政法类

社会政法类皮书聚焦社会发展领域的热点、难点问题，提供权威、原创的资讯与视点

社会蓝皮书

2013年中国社会形势分析与预测（赠阅读卡）

汝信　陆学艺　李培林／主编　2012年12月出版　估价：59.00元

◆ 本书为中国社会科学院核心学术品牌之一，荟萃中国社会科学院等众多学术单位的原创成果。本年度报告结合中共"十八大"会议精神，深入探讨中国迈向更加公平、公正的全面小康社会的路径。

法治蓝皮书

中国法治发展报告 No.11(2013)（赠阅读卡）

李林／主编　2013年3月出版　估价：85.00元

◆ 本书是中国社会科学院法学研究所精心打造的年度报告。在多篇法治国情调研报告中，着力分析中国在立法、依法行政、预防与惩治腐败等方面的进展，并提出原创性箴言。

教育蓝皮书

中国教育发展报告(2013)（赠阅读卡）

杨东平／主编　2013年3月出版　估价：59.00元

◆ 本书由著名教育学家杨东平担任主编，直面当前教育改革中出现的教育公平、高校教育结构调整、义务教育均衡发展、学校布局调整与校车系统建设等热点、难点问题，提供极具价值的学者建言。

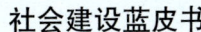 社会政法类

**皮书系列
重点推荐**

社会建设蓝皮书
2013年北京社会建设分析报告（赠阅读卡）
陆学艺　唐　军　张　荆/主编　2013年5月出版　估价:69.00元

◆ 本书由著名社会学家陆学艺领衔主编，依据社会学理论框架和分析方法，对北京市的人口、就业、分配、社会阶层以及城乡关系等社会学基本问题进行了广泛调研与分析，对广受社会关注的住房、教育、医疗、养老、交通等社会热点问题做了深刻了解与剖析，对日益显现的征地搬迁、外籍人口管理、群体性心理障碍等进行了有益探讨。

政治参与蓝皮书
中国政治参与报告(2013)（赠阅读卡）
房　宁/主编　2013年7月出版　估价:58.00元

◆ 本书是国内第一本运用社会科学数据对"中国公民政策参考"进行持续研究的年度报告，依据全国性问卷调查数据，对中国公民的政策参与客观状况和政策参与主观状况作了总体说明，并对不同性别、不同年龄、不同学历、不同政治面貌、不同职业、不同区域、不同收入的公民群体的政策参与客观状况和主观状况作了具体说明。

社会心态蓝皮书
中国社会心态研究报告(2012~2013)（赠阅读卡）
王俊秀　杨宜音/主编　　2012年12月出版　估价:59.00元

◆ 本书由中国社会科学院社会学研究所社会心理研究中心编撰，从社会感受、价值观念、行为倾向等方面对于生活压力感、社会支持感、经济变动感受、微博使用行为、心理危机干预等问题，用社会心理学、社会学、经济学、传播学等多种学科的方法角度进行了调查和研究，深入揭示了我国社会心态状况。

城乡统筹蓝皮书
中国城乡统筹发展报告(2013)（赠阅读卡）
程志强　潘晨光/主编　　2013年3月出版　估价:59.00元

◆ 全书客观地总结了各地城乡统筹发展进程中的经验，详细论述了统筹城乡经济社会发展的理论基础，从多个角度对新时期加快我国城乡统筹发展进程进行了深入的研究与探讨。

环境绿皮书
中国环境发展报告(2013)（赠阅读卡）
杨东平/主编　2013年4月出版　估价:69.00元

◆ 本书由民间环保组织"自然之友"组织编写，由特别关注、生态保护、宜居城市、可持续消费以及政策与治理等版块构成，以公共利益的视角记录、审视和思考中国环境状况，呈现2013年中国环境与可持续发展领域的全局态势，用深刻的思考、科学的数据分析2012年的环境热点事件。

环境竞争力绿皮书
中国省域环境竞争力发展报告(2010~2012)（赠阅读卡）
李建平　李闽榕　王金南/主编　2013年3月出版　估价:148.00元

◆ 本报告融马克思主义经济学、环境科学、生态学、统计学、计量经济学和人文地理学等理论和方法为一体，充分运用数理分析、空间分析以及规范分析与实证分析相结合的方法，构建了比较科学完善、符合中国国情的环境竞争力指标评价体系，对中国内地31个省级区域的环境竞争力进行全面、深入的比较分析和评价。

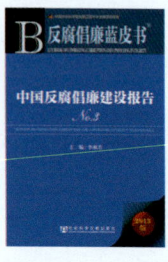

反腐倡廉蓝皮书
中国反腐倡廉建设报告No.3（赠阅读卡）
李秋芳/主编　2013年8月出版　估价:59.00元

◆ 本书从"惩治与专项治理、多主体综合监督、公共权力规制、公共资金资源资产监管、公职人员诚信管理、社会廉洁文化建设"六个方面对全国反腐倡廉建设进程与效果进行了综述，结合实地调研和问卷调查，反映了社会公众关注的难点焦点问题，并从理念和举措上提出建议。

 行业报告类

 皮书系列
重点推荐

行业报告类

行业报告类皮书立足重点行业、新兴行业领域，提供及时、前瞻的数据与信息

金融蓝皮书

中国金融发展报告(2013)（赠阅读卡）

李扬 王国刚/主编　2012年12月出版　估价：59.00元

◆ 本书由中国社会科学院金融研究所主编，对2012年中国金融业总体发展状况进行回顾和分析，聚焦国际及国内金融形势的新变化，解析中国货币政策、银行业、保险业和证券期货业的发展状况，预测中国金融发展的最新动态，包括投资基金、保险业发展和金融监管等。

房地产蓝皮书

中国房地产发展报告No.10（赠阅读卡）

潘家华 李景国/主编　2013年5月出版　估价:69.00元

◆ 本书由中国社会科学院城市发展与环境研究所组织编写，秉承客观公正、科学中立的原则，深度解析2012年中国房地产发展的形势和存在的主要矛盾，并预测2013年中国房价走势及房地产市场发展大势。观点精辟，数据翔实，对关注房地产市场的各阶层人士极具参考价值。

住房绿皮书

中国住房发展报告(2012~2013)（赠阅读卡）

倪鹏飞/主编　2012年12月出版　估价:69.00元

◆ 本书从宏观背景、市场体系和公共政策等方面，对中国住房市场作全面系统的分析、预测与评价。在评述2012年住房市场走势的基础上，预测2013年中国住房市场的发展变化；通过构建中国住房指数体系，量化评估住房市场各关键领域的发展状况；剖析中国住房市场发展所面临的主要问题与挑战，并给出政策建议。

旅游绿皮书
2013年中国旅游发展分析与预测（赠阅读卡）
张广瑞 刘德谦 宋瑞 / 主编　2013 年 5 月出版　　估价 :69.00 元

◆ 本书由中国社会科学院旅游研究中心组织编写，从 2012 年国内外发展环境入手，深度剖析 20112 年我国旅游业的跌宕起伏以及背后错综复杂的影响因素，聚焦旅游相关行业的运行特征以及相关政策实施，对旅游发展的热点问题给出颇具见地的分析，并提出促进我国旅游业发展的对策建议。

产业蓝皮书
中国产业竞争力报告 (2013) No.3（赠阅读卡）
张其仔 / 主编　2013 年 12 月出版　　估价 :79.00 元

◆ 本书对中国产业竞争力的最新变化进行了系统分析，对 2012 年中国产业竞争力的走势进行了展望，对各省、56 个地区和 44 个园区的产业国际竞争力进行了评估，是了解中国产业竞争力、各地产业竞争力最新变化的支撑平台。

能源蓝皮书
中国能源发展报告 (2013)（赠阅读卡）
崔民选 / 主编　2013 年 7 月出版　　估价 :79.00 元

◆ 本书结合中国经济面临转型的新形势，着眼于构建安全稳定、经济清洁的现代能源产业体系，盘点 2012 年中国能源行业的运行和发展走势，对 2012 年我国能源产业和各行业的运行特征、热点问题进行了深度剖析，并提出了未来趋势预测和对策建议。

 文化传媒类

文化传媒类

文化传媒类皮书透视文化领域、文化产业，
探索文化大繁荣、大发展的路径

文化蓝皮书
中国文化产业发展报告(2012~2013)（赠阅读卡）

张晓明　胡惠林　章建刚/主编　2013年1月出版　估价:59.00元

◆ 本书是由中国社会科学院文化研究中心和文化部、上海交通大学共同编写的第10本中国文化产业年度报告。内容涵盖了我国文化产业分析及政策分析，既有对2012年文化产业发展形势的评估，又有对2013年发展趋势的预测；既有对全国文化产业宏观形势的评估，又有对文化产业内各行业的权威年度报告。

传媒蓝皮书
2013年：中国传媒产业发展报告（赠阅读卡）

崔保国/主编　2013年4月出版　估价:69.00元

◆ 本书云集了清华大学、人民大学等众多权威机构的知名学者，对2012年中国传媒产业发展进行全面分析。剖析传统媒体转型过程中，中国传媒界的思索与实践；立足全球传媒产业发展现状，探索我国传媒产业向支柱产业发展面临的路径；并为提升国际传播能力提供前瞻性研究与观点。

新媒体蓝皮书
中国新媒体发展报告 No.4(2013)（赠阅读卡）

尹韵公/主编　2013年5月出版　估价:69.00元

◆ 本书由中国社会科学院新闻与传播研究所和上海大学合作编写，在构建新媒体发展研究基本框架的基础上，全面梳理2012年中国新媒体发展现状，发表最前沿的网络媒体深度调查数据和研究成果，并对新媒体发展的未来趋势做出预测。

皮书系列 重点推荐　国别与地区类

国别与地区类

国别与地区类皮书关注全球重点国家与地区，
提供全面、独特的解读与研究

国际形势黄皮书

全球政治与安全报告 (2013)（赠阅读卡）

李慎明　张宇燕 / 主编　　2012 年 12 月出版　　估价：59.00 元

◆ 本书是由中国社会科学院世界经济与政治研究所精心打造的又一品牌皮书，关注时下国际关系发展动向里隐藏的中长期趋势，剖析全球政治与安全格局下的国际形势最新动向以及国际关系发展的热点问题，并对 2013 年国际社会重大动态作出前瞻性的分析与预测。

美国蓝皮书

美国问题研究报告 (2013)（赠阅读卡）

黄　平　倪　峰 / 主编　　2013 年 6 月出版　　估价：69.00 元

◆ 本书由中华美国学会和中国社会科学院美国研究所组织编写，从美国内政、外交、中美关系等角度系统论述 2013 年美国政治经济发展情况，既有对美国当今实力、地位的宏观分析，也有对美国近年来内政、外交政策的微观考察，对观察和研究美国及中美关系具有较强的参考作用。

欧洲蓝皮书

欧洲发展报告 (2012~2013)（赠阅读卡）

周　弘 / 主编　　2013 年 3 月出版　　估价：79.00 元

◆ 欧洲长期积累的财政和债务问题，终于在世界金融危机的冲击下转变成主权债务危机。在采取紧急应对危机举措的同时，欧盟还提出一系列经济治理方案。正当欧盟内部为保卫欧元而苦苦奋战之时，欧盟却在对外战线上成功地完成对利比亚的一场战争。关注欧洲蓝皮书，关注欧盟局势。

地方发展类

地方发展类皮书关注大陆各省份、经济区域，提供科学、多元的预判与咨政信息

北京蓝皮书
北京经济发展报告(2012~2013)（赠阅读卡）

赵　弘/主编　　2013年5月出版　　估价：59.00元

◆ 本书是北京蓝皮书系列之一种，研创团队北京市社会科学院紧紧围绕北京市年度经济社会发展的目标，突出对北京市经济社会发展中全局性、战略性、倾向性的重点、热点、难点问题进行分析和预测的综合研究成果。

北京蓝皮书
北京社会发展报告(2012~2013)（赠阅读卡）

戴建中/主编　　2013年6月出版　　估价：59.00元

◆ 本书是北京蓝皮书系列之一种，研创团队以北京市社会科学院研究人员为主，同时邀请北京市党政机关和大学的专家学者参加。本书为北京市政策制定和执行提供了依据和思路，为了解中国首都的社会现状贡献了丰富的资料和解读，具有一定的影响力，因持续追踪社会热点问题而引起广泛的关注。

上海蓝皮书
上海经济发展报告(2013)（赠阅读卡）

沈开艳/主编　　2013年1月出版　　估价：59.00元

◆ 本书是上海蓝皮书系列之一种，围绕上海如何实现经济转型问题展开，通过对复苏缓慢的国际经济大环境、趋于紧缩的国内宏观经济背景的深入分析，认为上海迫切需要解决而又密切相关的现实问题是"增长动力转型"与"产业发展转型"两大核心。

皮书系列 重点推荐 — 地方发展类

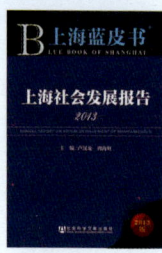

上海蓝皮书
上海社会发展报告 (2013)（赠阅读卡）

卢汉龙　周海旺/主编　2013年1月出版　估价：59.00元

◆ 本书是上海蓝皮书系列之一种，围绕机制创新、社会政策、社会组织等方面，对上海近年来的社会热点问题进行了调研，在总结现有状况及成因的基础上，提出了一些建议与对策，关注了上海的主要社会问题，可为决策层制订相关政策提供借鉴。

河南蓝皮书
河南经济发展报告 (2013)（赠阅读卡）

喻新安/主编　2013年1月出版　估价：59.00元

◆ 本书是河南蓝皮书系列之一种，由河南省社会科学院主持编撰，以中原经济区"三化"协调科学发展为主题，深入全面地分析了当前河南经济发展的主要特点以及2012年的走势，全方位、多角度研究和探讨了河南探索"三化"协调发展的举措及成效，并对河南积极构建中原经济区建设提出了对策建议。

甘肃蓝皮书
甘肃省经济发展分析与预测 (2013)（赠阅读卡）

朱智文　罗　哲/主编　2012年12月出版　估价：69.00元

◆ 本书是甘肃蓝皮书系列之一种，近年来甘肃经济社会发展的年度综合性研究成果之一，是对不同时期甘肃省实现区域创新和改革开放的年度总结。全书以特有的方式将经济运行情况、预测分析、政策建议三者结合起来，在科学分析经济发展形势的基础上为甘肃未来经济发展做出了科学预测及提出政策建议。

经济类

城市竞争力蓝皮书
中国城市竞争力报告No.11
著(编)者:倪鹏飞　2013年5月出版 / 估价:69.00元

城市蓝皮书
中国城市发展报告NO.6
著(编)者:潘家华 魏后凯　2013年8月出版 / 估价:59.00元

城乡一体化蓝皮书
中国城乡一体化发展报告(2013)
著(编)者:汝信 付崇兰　2013年8月出版 / 估价:59.00元

低碳发展蓝皮书
中国低碳发展报告(2012~2013)
著(编)者:齐晔　2013年7月出版 / 估价:69.00元

低碳经济蓝皮书
中国低碳经济发展报告(2013)
著(编)者:薛进军 赵忠秀　2013年7月出版 / 估价:98.00元

东北蓝皮书
中国东北地区发展报告(2013)
著(编)者:张新颖　2013年8月出版 / 估价:79.00元

发展和改革蓝皮书
中国经济发展和体制改革报告No.6
著(编)者:邹东涛　2013年7月出版 / 估价:75.00元

国际城市蓝皮书
国际城市发展报告(2013)
著(编)者:屠启宇　2013年1月出版 / 估价:69.00元

国家竞争力蓝皮书
中国国家竞争力报告No.2
著(编)者:倪鹏飞　2013年4月出版 / 估价:69.00元

宏观经济蓝皮书
中国经济增长报告(2012~2013)
著(编)者:张平 刘霞辉　2013年7月出版 / 估价:69.00元

减贫蓝皮书
中国减贫与社会发展报告
著(编)者:黄承伟　2013年7月出版 / 估价:59.00元

金融蓝皮书
中国金融发展报告(2013)
著(编)者:李扬 王国刚　2012年12月出版 / 估价:59.00元

经济蓝皮书
2013年中国经济形势分析与预测
著(编)者:陈佳贵 李扬　2012年12月出版 / 估价:59.00元

经济蓝皮书春季号
中国经济前景分析——2013年春季报告
著(编)者:陈佳贵 李扬　2013年5月出版 / 估价:59.00元

经济信息绿皮书
中国与世界经济发展报告(2013)
著(编)者:王长胜　2012年12月出版 / 估价:69.00元

就业蓝皮书
2013年中国大学生就业报告
著(编)者:麦可思研究院 王伯庆　2013年6月出版 / 估价:98.00元

民营经济蓝皮书
中国民营经济发展报告No.10（2012~2013）
著(编)者:黄孟复　2013年9月出版 / 估价:69.00元

农村绿皮书
中国农村经济形势分析与预测(2012~2013)
著(编)者:中国社会科学院农村发展研究所
　　　　国家统计局农村社会经济调查司
2013年4月出版 / 估价:59.00元

企业公民蓝皮书
中国企业公民报告NO.3
著(编)者:邹东涛　2013年7月出版 / 估价:59.00元

企业社会责任蓝皮书
中国企业社会责任研究报告(2013)
著(编)者:陈佳贵 黄群慧 彭华岗 钟宏武
2012年11月出版 / 估价:59.00元

区域蓝皮书
中国区域经济发展报告(2012~2013)
著(编)者:戚本超 景体华　2013年4月出版 / 估价:69.00元

人口与劳动绿皮书
中国人口与劳动问题报告No.14
著(编)者:蔡昉　2013年6月出版 / 估价:69.00元

生态城市绿皮书
中国生态城市建设发展报告(2013)
著(编)者:李景源 孙伟平 刘举科　2013年3月出版 / 估价:128.00元

西北蓝皮书
中国西北发展报告(2013)
著(编)者:杨尚勤 石英 王建康　2013年3月出版 / 估价:65.00元

西部蓝皮书
中国西部发展报告(2013)
著(编)者:姚慧琴 徐璋勇　2013年7月出版 / 估价:69.00元

长三角蓝皮书
全球格局变化中的长三角
著(编)者:王战　2013年6月出版 / 估价:69.00元

中部竞争力蓝皮书
中国中部经济社会竞争力报告(2013)
著(编)者:教育部人文社会科学重点研究基地
　　　　南昌大学中国中部经济社会发展研究中心
2013年10月出版 / 估价:59.00元

中部蓝皮书
中国中部地区发展报告（2013~2014）
著(编)者:喻新安　2013年10月出版 / 估价:59.00元

中国省域竞争力蓝皮书
中国省域经济综合竞争力发展报告(2012~2013)
著(编)者:李建平 李闽榕 高燕京
2013年3月出版 / 估价:198.00元

中小城市绿皮书
中国中小城市发展报告(2013)
著(编)者:中国城市经济学会中小城市经济发展委员会
《中国中小城市发展报告》编纂委员会
2013年8月出版 / 估价:98.00元

珠三角流通蓝皮书
珠三角流通业发展报告(2013)
著(编)者:王先庆 林至颖 2013年8月出版 / 估价:69.00元

社会政法类

殡葬绿皮书
中国殡葬事业发展报告(2013)
著(编)者:朱勇 李伯森 2013年3月出版 / 估价:59.00元

城市生活质量蓝皮书
中国城市生活质量指数报告(2013)
著(编)者:张平 2013年7月出版 / 估价:59.00元

城乡统筹蓝皮书
中国城乡统筹发展报告(2013)
著(编)者:程志强、潘晨光 2013年3月出版 / 估价:59.00元

创新蓝皮书
创新型国家建设报告(2012~2013)
著(编)者:詹正茂 2013年7月出版 / 估价:69.00元

慈善蓝皮书
中国慈善发展报告(2013)
著(编)者:杨团 2013年7月出版 / 估价:69.00元

法治蓝皮书
中国法治发展报告No.11(2013)
著(编)者:李林 2013年3月出版 / 估价:85.00元

反腐倡廉蓝皮书
中国反腐倡廉建设报告No.3
著(编)者:李秋芳 2013年8月出版 / 估价:59.00元

非传统安全蓝皮书
中国非传统安全研究报告(2012~2013)
著(编)者:余潇枫 2013年7月出版 / 估价:69.00元

妇女发展蓝皮书
福建省妇女发展报告(2013)
著(编)者:刘群英 2013年10月出版 / 估价:58.00元

妇女发展蓝皮书
中国妇女发展报告No.5
著(编)者:王金玲 高小贤 2013年5月出版 / 估价:65.00元

妇女教育蓝皮书
中国妇女教育发展报告No.3
著(编)者:张李玺 2013年10月出版 / 估价:69.00元

公共服务蓝皮书
中国城市基本公共服务力评价(2012~2013)
著(编)者:侯惠勤 辛向阳 易定宏 2013年出版 / 估价:55.00元

公益蓝皮书
中国公益发展报告(2013)
著(编)者:朱健刚 2013年5月出版 / 估价:78.00元

国际人才蓝皮书
中国海归创业发展报告(2013)No.2
著(编)者:王辉耀 路江涌 2013年6月出版 / 估价:69.00元

国际人才蓝皮书
中国留学发展报告(2013) No.2
著(编)者:王辉耀 2013年8月出版 / 估价:59.00元

行政改革蓝皮书
中国行政体制改革报告(2013)No.3
著(编)者:魏礼群 2013年3月出版 / 估价:69.00元

华侨华人蓝皮书
华侨华人研究报告(2013)
著(编)者:丘进 2013年5月出版 / 估价:128.00元

环境竞争力绿皮书
中国省域环境竞争力发展报告(2010~2012)
著(编)者:李建平 李闽榕 王金南
2013年3月出版 / 估价:148.00元

环境绿皮书
中国环境发展报告(2013)
著(编)者:杨东平 2013年4月出版 / 估价:69.00元

教师蓝皮书
中国中小学教师发展报告(2013)
著(编)者:曾晓东 2013年3月出版 / 估价:59.00元

教育蓝皮书
中国教育发展报告(2013)
著(编)者:杨东平 2013年2月出版 / 估价:59.00元

金融监管蓝皮书
中国金融监管报告2013
著(编)者:胡滨 2013年5月出版 / 估价:59.00元

科普蓝皮书
中国科普基础设施发展报告(2013)
著(编)者:任福君 2013年4月出版 / 估价:79.00元

口腔健康蓝皮书
中国口腔健康发展报告(2013)
著(编)者:胡德渝 2013年12月出版 / 估价:59.00元

社会政法类 — 皮书系列 2013全品种

老龄蓝皮书
中国老龄事业发展报告(2013)
著(编)者：吴玉韶　2013年4月出版 / 估价:59.00元

民间组织蓝皮书
中国民间组织报告(2012~2013)
著(编)者：黄晓勇　2013年4月出版 / 估价:69.00元

民族蓝皮书
中国民族区域自治发展报告(2013)
著(编)者：郝时远　2013年7月出版 / 估价:98.00元

女性生活蓝皮书
中国女性生活状况报告No.7(2013)
著(编)者：韩湘景　2013年10月出版 / 估价:78.00元

气候变化绿皮书
应对气候变化报告(2013)
著(编)者：王伟光　郑国光　2013年11月出版 / 估价:59.00元

汽车社会蓝皮书
中国汽车社会发展报告(2013)
著(编)者：王俊秀　2013年6月出版 / 估价:59.00元

青少年蓝皮书
中国未成年人新媒体运用报告(2012~2013)
著(编)者：李文革　沈杰　季为民
2013年7月出版 / 估价:69.00元

人才竞争力蓝皮书
中国区域人才竞争力报告(2013)
著(编)者：桂昭明　王辉耀　2013年2月出版 / 估价:69.00元

人才蓝皮书
中国人才发展报告(2013)
著(编)者：潘晨光　2013年8月出版 / 估价:79.00元

人权蓝皮书
中国人权事业发展报告No.3(2013)
著(编)者：李君如　2013年11月出版 / 估价:98.00元

社会保障绿皮书
中国社会保障发展报告(2013)No.6
著(编)者：王延中　2013年4月出版 / 估价:69.00元

社会工作蓝皮书
中国社会工作发展报告(2012~2013)
著(编)者：蒋昆生　戚学森　2013年7月出版 / 估价:59.00元

社会管理蓝皮书
中国社会管理创新报告No.2
著(编)者：连玉明　2013年9月出版 / 估价:79.00元

社会建设蓝皮书
2013年北京社会建设分析报告
著(编)者：陆学艺　唐军　张荆
2013年5月出版 / 估价:69.00元

社会科学蓝皮书
中国社会科学学术前沿(2012~2013)
著(编)者：高翔　2013年9月出版 / 估价:69.00元

社会蓝皮书
2013年中国社会形势分析与预测
著(编)者：汝信　陆学艺　李培林
2012年12月出版 / 估价:59.00元

社会心态蓝皮书
中国社会心态研究报告(2012~2013)
著(编)者：王俊秀　杨宜音　2012年12月出版 / 估价:59.00元

生态文明绿皮书
中国省域生态文明建设评价报告(2013)
著(编)者：严耕　2013年10月出版 / 估价:98.00元

食品药品蓝皮书
食品药品安全与监管政策研究报告(2013)
著(编)者：唐民皓　2013年6月出版 / 估价:69.00元

世界创新竞争力黄皮书
世界创新竞争力发展报告(2012~2013)
著(编)者：李建平　李闽榕　赵新力
2013年11月出版 / 估价:79.00元

世界社会主义黄皮书
世界社会主义跟踪研究报告(2012~2013)
著(编)者：李慎明　2013年3月出版 / 估价:99.00元

危机管理蓝皮书
中国危机管理报告(2013)
著(编)者：文学国　范正青　2013年12月出版 / 估价:79.00元

小康蓝皮书
中国全面建设小康社会监测报告(2013)
著(编)者：潘璠　2013年11月出版 / 估价:59.00元

形象危机应对蓝皮书
形象危机应对研究报告(2013)
著(编)者：唐钧　2013年9月出版 / 估价:118.00元

舆情蓝皮书
中国社会舆情与危机管理报告(2013)
著(编)者：谢耘耕　2013年8月出版 / 估价:78.00元

政治参与蓝皮书
中国政治参与报告(2013)
著(编)者：房宁　2013年7月出版 / 估价:58.00元

宗教蓝皮书
中国宗教报告(2013)
著(编)者：金泽　邱永辉　2013年7月出版 / 估价:59.00元

行业报告类

保健蓝皮书
中国保健服务产业发展报告No.2
著(编)者:中国保健协会　中共中央党校
2013年7月出版 / 估价:198.00元

保健蓝皮书
中国保健食品产业发展报告No.2
著(编)者:中国保健协会
　　　　中国社会科学院食品药品产业发展与监管研究中心
2013年3月出版 / 估价:198.00元

保健蓝皮书
中国保健用品产业发展报告No.2
著(编)者:中国保健协会　2013年3月出版 / 估价:198.00元

保险蓝皮书
中国保险业竞争力报告(2013)
著(编)者:罗忠敏　2013年7月出版 / 估价:89.00元

餐饮产业蓝皮书
中国餐饮产业发展报告(2013)
著(编)者:中国烹饪协会　中国社会科学院财经战略研究院
2013年5月出版 / 估价:60.00元

测绘地理信息蓝皮书
中国地理信息产业发展报告(2013)
著(编)者:徐德明　2013年12月出版 / 估价:98.00元

茶业蓝皮书
中国茶产业发展报告(2013)
著(编)者:李闽榕　杨江帆　2013年11月出版 / 估价:79.00元

产权市场蓝皮书
中国产权市场发展报告(2012~2013)
著(编)者:曹和平　2013年12月出版 / 估价:69.00元

产业安全蓝皮书
中国保险产业安全报告(2013)
著(编)者:李孟刚　2013年10月出版 / 估价:59.00元

产业安全蓝皮书
中国产业外资控制报告(2012~2013)
著(编)者:李孟刚　2013年10月出版 / 估价:69.00元

产业安全蓝皮书
中国金融产业安全报告(2013)
著(编)者:李孟刚　2013年10月出版 / 估价:69.00元

产业安全蓝皮书
中国轻工业发展与安全报告(2013)
著(编)者:李孟刚　2013年10月出版 / 估价:69.00元

产业安全蓝皮书
中国私募股权产业安全与发展报告(2013)
著(编)者:李孟刚　2013年10月出版 / 估价:59.00元

产业安全蓝皮书
中国新能源产业发展与安全报告(2013)
著(编)者:北京交通大学中国产业安全研究中心
2013年3月出版 / 估价:69.00元

产业安全蓝皮书
中国能源产业安全报告(2013)
著(编)者:北京交通大学中国产业安全研究中心
2013年3月出版 / 估价:69.00元

产业安全蓝皮书
中国海洋产业安全报告(2012~2013)
著(编)者:北京交通大学中国产业安全研究中心
2013年3月出版 / 估价:59.00元

产业蓝皮书
中国产业竞争力报告(2013) NO.3
著(编)者:张其仔　2013年12月出版 / 估价:79.00元

电子商务蓝皮书
中国城市电子商务影响力报告(2013)
著(编)者:荆林波　2013年5月出版 / 估价:69.00元

电子政务蓝皮书
中国电子政务发展报告(2013)
著(编)者:洪毅　王长胜　2013年9月出版 / 估价:59.00元

杜仲产业绿皮书
中国杜仲种植与产业发展报告(2013)
著(编)者:胡文臻　杜红岩　2013年8月出版 / 估价:78.00元

房地产蓝皮书
中国房地产发展报告No.10
著(编)者:魏后凯　李景国　2013年5月出版 / 估价:69.00元

服务外包蓝皮书
中国服务外包发展报告(2012~2013)
著(编)者:王力　刘春生　黄育华
2013年9月出版 / 估价:89.00元

工业设计蓝皮书
中国工业设计发展报告(2013)
著(编)者:王晓红　2013年7月出版 / 估价:69.00元

会展经济蓝皮书
中国会展经济发展报告(2013)
著(编)者:过聚荣　2013年4月出版 / 估价:65.00元

行业报告类 | 皮书系列 2013全品种

会展蓝皮书
中外会展业动态评估年度报告(2013)
著(编)者:张 敏　2013年8月出版 / 估价:68.00元

基金会蓝皮书
中国基金会发展报告(2013)
著(编)者:刘忠祥　2013年7月出版 / 估价:79.00元

基金会绿皮书
中国基金会发展独立研究报告(2013)
著(编)者:基金会中心网　2013年11月出版 / 估价:49.00元

交通运输蓝皮书
中国交通运输业发展报告(2013)
著(编)者:崔民选　王军生　2013年6月出版 / 估价:69.00元

金融蓝皮书
中国金融发展报告(2013)
著(编)者:李 扬　王国刚　2012年12月出版 / 估价:59.00元

金融蓝皮书
中国金融中心发展报告(2012~2013)
著(编)者:王 力　黄育华　2013年10出版 / 估价:59.00元

金融蓝皮书
中国商业银行竞争力报告(2013)
著(编)者:王松奇　2013年10月出版 / 估价:79.00元

金融监管蓝皮书
中国金融监管发展报告(2013)
著(编)者:胡 滨　2013年5月出版 / 估价:59.00元

科学传播蓝皮书
中国科学传播报告(2013)
著(编)者:詹正茂　2013年6月出版 / 估价:69.00元

口岸生态绿皮书
中国口岸地区生态文化发展报告No.1(2013)
著(编)者:胡文臻　刘 静　2013年8月出版 / 估价:78.00元

"老字号"蓝皮书
中国"老字号"企业发展报告No.3(2013)
著(编)者:张继焦　丁惠敏　黄忠彩
2013年10月出版 / 估价:69.00元

"两化"融合蓝皮书
中国"两化"融合发展报告(2013)
著(编)者:曹淑敏　工业和信息化部电信研究院
2013年8月出版 / 估价:98.00元

流通蓝皮书
湖南省商贸流通产业发展报告No.2
著(编)者:柳思维　2013年10月出版 / 估价:75.00元

流通蓝皮书
中国商业发展报告(2012~2013)
著(编)者:荆林波　2013年4月出版 / 估价:89.00元

旅游安全蓝皮书
中国旅游安全报告(2013)
著(编)者:郑向敏　谢朝武　2013年5月出版 / 估价:78.00元

旅游绿皮书
2013年中国旅游发展分析与预测
著(编)者:张广瑞　刘德谦　宋 瑞
2013年5月出版 / 估价:69.00元

贸易蓝皮书
中国贸易发展报告(2013)
著(编)者:荆林波　2013年5月出版 / 估价:49.00元

煤炭蓝皮书
中国煤炭工业发展报告No.5(2013)
著(编)者:岳福斌　2012年12月出版 / 估价:69.00元

煤炭市场蓝皮书
中国煤炭市场发展报告(2013)
著(编)者:曲剑午　2013年8月出版 / 估价:79.00元

民营医院蓝皮书
中国民营医院发展报告(2013)
著(编)者:陈绍福　王培舟　2013年9月出版 / 估价:89.00元

闽商蓝皮书
闽商发展报告(2013)
著(编)者:李闽榕　王日根　林 琛
2013年3月出版 / 估价:69.00元

能源蓝皮书
中国能源发展报告(2013)
著(编)者:崔民选　2013年7月出版 / 估价:79.00元

农产品流通蓝皮书
中国农产品流通产业发展报告(2013)
著(编)者:贾敬敦　王炳南　张玉玺　张鹏毅　陈丽华
2013年7月出版 / 估价:98.00元

期货蓝皮书
中国期货市场发展报告(2013)
著(编)者:荆林波　2013年7月出版 / 估价:69.00元

企业蓝皮书
中国企业竞争力报告(2013)
著(编)者:金 碚　2013年11月出版 / 估价:79.00元

汽车蓝皮书
中国汽车产业发展报告(2013)
著(编)者:国务院发展研究中心产业经济研究部
中国汽车工程学会　大众汽车集团(中国)
2013年7月出版 / 估价:79.00元

人力资源蓝皮书
中国人力资源发展报告(2012~2013)
著(编)者:吴 江　田小宝　2013年6月出版 / 估价:69.00元

皮书系列 2013全品种
行业报告类·文化传媒类

软件和信息服务业蓝皮书
中国软件和信息服务业发展报告(2013)
著(编)者：洪京一 工业和信息化部电子科学技术情报研究所
2013年6月出版 / 估价：98.00元

商会蓝皮书
中国商会发展报告 No.5 (2013)
著(编)者：黄孟复 2013年8月出版 / 估价：59.00元

商品市场蓝皮书
中国商品市场发展报告(2013)
著(编)者：荆林波 2013年7月出版 / 估价：59.00元

私募市场蓝皮书
中国私募股权市场发展报告(2013)
著(编)者：曹和平 2013年10月出版 / 估价：69.00元

体育蓝皮书
中国体育产业发展报告(2012~2013)
著(编)者：江和平 张海潮 2013年5月出版 / 估价：69.00元

投资蓝皮书
中国投资发展报告(2013)
著(编)者：杨庆蔚 2013年3月出版 / 估价：79.00元

物联网蓝皮书
中国物联网发展报告(2013)
著(编)者：黄桂田 张全升 2013年10月出版 / 估价：80.00元

西部工业蓝皮书
中国西部工业发展报告(2013)
著(编)者：方行明 刘方健 姜 凌 等
2013年7月出版 / 估价：69.00元

西部金融蓝皮书
中国西部金融发展报告(2013)
著(编)者：李忠民 2013年10月出版 / 估价：69.00元

信息化蓝皮书
中国信息化形势分析与预测(2013)
著(编)者：周宏仁 2013年7月出版 / 估价：98.00元

休闲绿皮书
2013年中国休闲发展报告
著(编)者：刘德谦 唐 兵 宋 瑞
2013年5月出版 / 估价：59.00元

中国林业竞争力蓝皮书
中国省域林业竞争力发展报告No.3(2012~2013)（上下册）
著(编)者：郑传芳 李闽榕 张春霞 张会儒
2013年8月出版 / 估价：139.00元

中国农业竞争力蓝皮书
中国省域农业竞争力发展报告No.2（2010~2012）（上下册）
著(编)者：郑传芳 宋洪远 李闽榕 张春霞
2013年7月出版 / 估价：128.00元

中国总部经济蓝皮书
中国总部经济发展报告(2013~2014)
著(编)者：赵 弘 2013年9月出版 / 估价：69.00元

住房绿皮书
中国住房发展报告(2012~2013)
著(编)者：倪鹏飞 2012年12月出版 / 估价：69.00元

资本市场蓝皮书
中国场外交易市场发展报告(2012~2013)
著(编)者：高 峦 2013年2月出版 / 估价：79.00元

文化传媒类

传媒蓝皮书
2013年：中国传媒产业发展报告
著(编)者：崔保国 2013年4月出版 / 估价：69.00元

创意城市蓝皮书
北京文化创意产业发展报告(2013)
著(编)者：张京成 王国华 2013年3月出版 / 估价：69.00元

创意城市蓝皮书
青岛文化创意产业发展报告(2013)
著(编)者：马 达 2013年5月出版 / 估价：69.00元

动漫蓝皮书
中国动漫产业发展报告(2013)
著(编)者：卢 斌 郑玉明 牛兴侦
2013年4月出版 / 估价：69.00元

广电蓝皮书
中国广播电影电视发展报告(2013)
著(编)者：庞井君 2013年6月出版 / 估价：88.00元

广告主蓝皮书
中国广告主营销传播趋势报告N0.8
著(编)者：中国传媒大学广告主研究所
中国广告主营销传播创新研究课题组
黄升民 杜国清 邵华冬
2013年11月出版 / 估价：98.00元

纪录片蓝皮书
中国纪录片发展报告(2013)
著(编)者：何苏六 2013年10月出版 / 估价：78.00元

文化传媒类 · 国别与地区类

皮书系列 2013全品种

两岸文化蓝皮书
两岸文化产业合作发展报告(2013)
著(编)者:胡惠林 肖夏勇 2013年7月出版 / 估价:59.00元

全球传媒蓝皮书
全球传媒产业发展报告(2013)
著(编)者:胡正荣 2013年1月出版 / 估价:79.00元

视听新媒体蓝皮书
中国视听新媒体发展报告(2013)
著(编)者:庞井君 2013年6月出版 / 估价:69.00元

文化创新蓝皮书
中国文化创新报告(2013)No.4
著(编)者:于 平 傅才武
2013年7月出版 / 估价:79.00元

文化蓝皮书
中国文化产业发展报告(2012~2013)
著(编)者:张晓明 胡惠林 章建刚
2013年1月出版 / 估价:59.00元

文化蓝皮书
中国城镇文化消费需求景气评价报告(2013)
著(编)者:王亚南 2013年5月出版 / 估价:79.00元

文化蓝皮书
中国公共文化服务发展报告(2013)
著(编)者:于 群 李国新 2013年10月出版 / 估价:98.00元

文化蓝皮书
中国文化消费需求景气评价报告(2013)
著(编)者:王亚南 2013年6月出版 / 估价:79.00元

文化蓝皮书
中国乡村文化消费需求景气评价报告(2013)
著(编)者:王亚南 2013年6月出版 / 估价:79.00元

文化蓝皮书
中国中心城市文化消费需求景气评价报告(2013)
著(编)者:王亚南 2013年5月出版 / 估价:79.00元

文化品牌蓝皮书
中国文化品牌发展报告(2013)
著(编)者:欧阳友权 2013年6月出版 / 估价:75.00元

文化软实力蓝皮书
中国文化软实力研究报告(2013)
著(编)者:张国祚 2013年7月出版 / 估价:79.00元

文化遗产蓝皮书
中国文化遗产事业发展报告(2013)
著(编)者:刘世锦 2013年9月出版 / 估价:79.00元

文学蓝皮书
中国文情报告(2012~2013)
著(编)者:白 烨 2013年1月出版 / 估价:59.00元

新媒体蓝皮书
中国新媒体发展报告No.4(2013)
著(编)者:尹韵公 2013年5月出版 / 估价:69.00元

移动互联网蓝皮书
中国移动互联网发展报告(2013)
著(编)者:官建文 2013年4月出版 / 估价:79.00元

国别与地区类

G20国家创新竞争力黄皮书
二十国集团(G20)国家创新竞争力发展报告(2013)
著(编)者:李建平 李闽榕 赵新力
2013年12月出版 / 估价:118.00元

澳门蓝皮书
澳门经济社会发展报告(2012~2013)
著(编)者:郝雨凡 吴志良 2013年4月出版 / 估价:69.00元

德国蓝皮书
德国发展报告(2013)
著(编)者:李乐曾 郑春荣 2013年5月出版 / 估价:69.00元

东南亚蓝皮书
东南亚地区发展报告(2013)
著(编)者:王 勤 2013年11月出版 / 估价:59.00元

东盟蓝皮书
东盟发展报告(2013)
著(编)者:黄兴球 庄国土 2013年11月出版 / 估价:59.00元

俄罗斯黄皮书
俄罗斯发展报告(2013)
著(编)者:李永全 2013年9月出版 / 估价:69.00元

非洲黄皮书
非洲发展报告No.15(2012~2013)
著(编)者:张宏明 2013年7月出版 / 估价:79.00元

港澳珠三角蓝皮书
粤港澳区域合作与发展报告(2012~2013)
著(编)者:梁庆寅 陈广汉 2013年8月出版 / 估价:59.00元

国际形势黄皮书
全球政治与安全报告(2013)
著(编)者:李慎明 张宇燕 2012年12月出版 / 估价:59.00元

韩国蓝皮书
韩国发展报告(2013)
著(编)者:牛林杰 刘宝全 2013年6月出版 / 估价:69.00元

皮书系列 2013全品种　　国别与地区类·地方发展类

拉美黄皮书
拉丁美洲和加勒比发展报告(2012~2013)
著(编)者:吴白乙　2013年5月出版 / 估价:79.00元

美国蓝皮书
美国问题研究报告(2013)
著(编)者:黄　平　倪　峰　2013年6月出版 / 估价:69.00元

欧亚大陆桥发展蓝皮书
欧亚大陆桥发展报告(2012~2013)
著(编)者:李忠民　2013年10月出版 / 估价:59.00元

欧洲蓝皮书
欧洲发展报告(2012~2013)
著(编)者:周　弘　2013年3月出版 / 估价:79.00元

日本经济蓝皮书
日本经济与中日经贸关系发展报告(2013)
著(编)者:王洛林　张季风　2013年5月出版 / 估价:79.00元

日本蓝皮书
日本发展报告(2013)
著(编)者:李　薇　2013年5月出版 / 估价:59.00元

上海合作组织黄皮书
上海合作组织发展报告(2013)
著(编)者:李进峰　吴宏伟　2013年7月出版 / 估价:79.00元

世界经济黄皮书
2013年世界经济形势分析与预测
著(编)者:王洛林　张宇燕　2013年1月出版 / 估价:59.00元

香港蓝皮书
香港发展报告(2013)
著(编)者:薛凤旋　2013年6月出版 / 估价:49.00元

新兴经济体蓝皮书
金砖国家发展报告(2013)——合作与崛起
著(编)者:林跃勤　周　文　2013年3月出版 / 估价:69.00元

亚太蓝皮书
亚太地区发展报告(2013)
著(编)者:李向阳　2013年1月出版 / 估价:59.00元

印度蓝皮书
印度国情报告(2012~2013)
著(编)者:吕昭义　2013年9月出版 / 估价:59.00元

越南蓝皮书
越南国情报告(2013)
著(编)者:吕余生　2013年7月出版 / 估价:65.00元

中亚黄皮书
中亚国家发展报告(2013)
著(编)者:孙　力　2013年6月出版 / 估价:79.00元

地方发展类

北部湾蓝皮书
泛北部湾合作发展报告(2013)
著(编)者:吕余生　2013年7月出版 / 估价:79.00元

北京蓝皮书
北京公共服务发展报告(2012~2013)
著(编)者:张耘　2013年3月出版 / 估价:65.00元

北京蓝皮书
北京经济发展报告(2012~2013)
著(编)者:赵弘　2013年5月出版 / 估价:59.00元

北京蓝皮书
北京社会发展报告(2012~2013)
著(编)者:戴建中　2013年6月出版 / 估价:59.00元

北京蓝皮书
北京文化发展报告(2012~2013)
著(编)者:李建盛　2013年4月出版 / 估价:69.00元

北京蓝皮书
中国社区发展报告(2013)
著(编)者:于燕燕　2013年6月出版 / 估价:59.00元

北京旅游绿皮书
北京旅游发展报告(2013)
著(编)者:鲁　勇　2013年10月出版 / 估价:98.00元

北京律师蓝皮书
北京律师发展报告NO.3(2013)
著(编)者:王隽　周塞军　2013年9月出版 / 估价:70.00元

北京人才蓝皮书
北京人才发展报告(2012~2013)
著(编)者:张志伟　2013年5月出版 / 估价:69.00元

城乡一体化蓝皮书
中国城乡一体化发展报告·北京卷(2012~2013)
著(编)者:张宝秀　黄序　2012年7月出版 / 估价:59.00元

大湄公河次区域蓝皮书
大湄公河次区域合作发展报告(2012~2013)
著(编)者:刘稚　2013年4月出版 / 估价:69.00元

甘肃蓝皮书
甘肃省经济发展分析与预测(2013)
著(编)者:朱智文　罗哲　2012年12月出版 / 估价:69.00元

地方发展类

皮书系列 2013全品种

甘肃蓝皮书
甘肃省社会发展分析与预测(2013)
著(编)者:安文华 包晓霞 2012年12月出版 / 估价:69.00元

甘肃蓝皮书
甘肃省舆情发展分析与预测(2013)
著(编)者:陈双梅 郝树声 2012年12月出版 / 估价:69.00元

甘肃蓝皮书
甘肃省县域社会发展分析与预测(2013)
著(编)者:魏胜文 柳民 曲玮
2012年12月出版 / 估价:69.00元

甘肃蓝皮书
甘肃省文化发展分析与预测(2013)
著(编)者:刘进军 周晓华 2012年12月出版 / 估价:69.00元

关中天水经济区蓝皮书
中国关中—天水经济区发展报告(2013)
著(编)者:李忠民 2013年7月出版 / 估价:59.00元

广东外经贸蓝皮书
广东对外经济贸易发展研究报告(2012~2013)
著(编)者:陈万灵 2013年3月出版 / 估价:65.00元

广西北部湾经济区蓝皮书
广西北部湾经济区开放开发报告(2013)
著(编)者:广西北部湾经济区规划建设管理委员会办公室
广西社会科学院 广西北部湾发展研究院
2013年7月出版 / 估价:69.00元

广州蓝皮书
2013年中国广州经济形势分析与预测
著(编)者:庾建设 郭志勇 沈奎
2013年6月出版 / 估价:69.00元

广州蓝皮书
2013年中国广州社会形势分析与预测
著(编)者:易佐永 杨秦 顾涧清
2013年7月出版 / 估价:69.00元

广州蓝皮书
广州城市国际化发展报告(2013)
著(编)者:朱名宏 2013年4月出版 / 估价:59.00元

广州蓝皮书
广州创新型城市发展报告(2013)
著(编)者:李江涛 2013年4月出版 / 估价:59.00元

广州蓝皮书
广州经济发展报告(2013)
著(编)者:李江涛 刘江华 2013年4月出版 / 估价:69.00元

广州蓝皮书
广州农村发展报告(2013)
著(编)者:李江涛 汤锦华 2013年4月出版 / 估价:59.00元

广州蓝皮书
广州汽车产业发展报告(2013)
著(编)者:李江涛 杨再059 2013年4月出版 / 估价:59.00元

广州蓝皮书
广州商贸业发展报告(2013)
著(编)者:陈家成 王旭东 荀振英
2013年4月出版 / 估价:69.00元

广州蓝皮书
广州文化创意产业发展报告(2013)
著(编)者:甘新 2013年3月出版 / 估价:59.00元

广州蓝皮书
中国广州城市建设发展报告(2013)
著(编)者:董皞 冼伟雄 李俊夫
2013年8月出版 / 估价:69.00元

广州蓝皮书
中国广州科技与信息化发展报告(2013)
著(编)者:庾建设 谢学宁 2013年8月出版 / 估价:59.00元

广州蓝皮书
中国广州文化创意产业发展报告(2013)
著(编)者:王晓玲 2013年8月出版 / 估价:59.00元

广州蓝皮书
中国广州文化发展报告(2013)
著(编)者:徐俊忠 汤应武 陆志强
2013年8月出版 / 估价:69.00元

贵州蓝皮书
贵州法治发展报告(2013)
著(编)者:吴大华 2013年4月出版 / 估价:69.00元

贵州蓝皮书
贵州社会发展报告(2013)
著(编)者:王兴骥 2013年4月出版 / 估价:59.00元

海峡经济区蓝皮书
海峡经济区发展报告(2013)
著(编)者:李闽榕 王秉安 谢明辉〔台湾〕
2013年10月出版 / 估价:78.00元

海峡西岸蓝皮书
海峡西岸经济区发展报告(2013)
著(编)者:福建省人民政府发展研究中心
2013年7月出版 / 估价:85.00元

杭州都市圈蓝皮书
杭州都市圈经济社会发展报告(2013)
著(编)者:辛薇 2013年7月出版 / 估价:59.00元

河南经济蓝皮书
2013年河南经济形势分析与预测
著(编)者:刘永奇 2013年2月出版 / 估价:65.00元

河南蓝皮书
2013年河南社会形势分析与预测
著(编)者:刘道兴 牛苏林 2013年1月出版 / 估价:59.00元

河南蓝皮书
河南城市发展报告(2013)
著(编)者:谷建全 王建国 2013年1月出版 / 估价:69.00元

皮书系列 2013全品种 — 地方发展类

河南蓝皮书
河南经济发展报告(2013)
著(编)者:喻新安　2013年1月出版 / 估价:59.00元

河南蓝皮书
河南文化发展报告(2013)
著(编)者:谷建全　卫绍生　2013年3月出版 / 估价:69.00元

黑龙江产业蓝皮书
黑龙江产业发展报告(2013)
著(编)者:于渤　2013年5月出版 / 估价:69.00元

黑龙江蓝皮书
黑龙江经济发展报告(2013)
著(编)者:曲伟　2013年5月出版 / 估价:69.00元

黑龙江蓝皮书
黑龙江社会发展报告(2013)
著(编)者:艾书琴　2013年1月出版 / 估价:65.00元

湖南城市蓝皮书
城市社会管理
著(编)者:罗海藩　2013年5月出版 / 估价:59.00元

湖南蓝皮书
2013年湖南产业发展报告
著(编)者:梁志峰　2013年5月出版 / 估价:89.00元

湖南蓝皮书
2013年湖南法治发展报告
著(编)者:梁志峰　2013年5月出版 / 估价:79.00元

湖南蓝皮书
2013年湖南经济展望
著(编)者:梁志峰　2013年5月出版 / 估价:79.00元

湖南蓝皮书
2013年湖南两型社会发展报告
著(编)者:梁志峰　2013年5月出版 / 估价:79.00元

湖南县域绿皮书
湖南县域发展报告No.2
著(编)者:朱有志　袁准　周小毛
2013年7月出版 / 估价:69.00元

江苏法治蓝皮书
江苏法治发展报告No.2(2013)
著(编)者:李力　龚廷泰　严海良
2013年7月出版 / 估价:88.00元

京津冀蓝皮书
京津冀区域一体化发展报告(2013)
著(编)者:文魁　祝尔娟　2013年3月出版 / 估价:89.00元

经济特区蓝皮书
中国经济特区发展报告(2013)
著(编)者:陶一桃　钟坚　2013年3月出版 / 估价:89.00元

辽宁蓝皮书
2013年辽宁经济社会形势分析与预测
著(编)者:曹晓峰　张晶　张卓民
2013年1月出版 / 估价:69.00元

内蒙古蓝皮书
内蒙古经济发展蓝皮书(2012~2013)
著(编)者:黄育华　2013年7月出版 / 估价:69.00元

浦东新区蓝皮书
上海浦东经济发展报告(2013)
著(编)者:左学金　陆沪根　2012年12月出版 / 估价:59.00元

青海蓝皮书
2013年青海经济社会形势分析与预测
著(编)者:赵宗福　2013年3月出版 / 估价:69.00元

人口与健康蓝皮书
深圳人口与健康发展报告(2013)
著(编)者:陆杰华　江捍平　2013年10月出版 / 估价:98.00元

山西蓝皮书
山西资源型经济转型发展报告(2013)
著(编)者:李志强　容和平　2013年3月出版 / 估价:79.00元

陕西蓝皮书
陕西经济发展报告(2013)
著(编)者:杨尚勤　石英　裴成荣
2013年3月出版 / 估价:65.00元

陕西蓝皮书
陕西社会发展报告(2013)
著(编)者:杨尚勤　石英　江波
2013年3月出版 / 估价:65.00元

陕西蓝皮书
陕西文化发展报告(2013)
著(编)者:杨尚勤　石英　王长寿
2013年3月出版 / 估价:59.00元

上海蓝皮书
上海传媒发展报告(2013)
著(编)者:强荧　焦雨虹　2013年1月出版 / 估价:59.00元

上海蓝皮书
上海法治发展报告(2013)
著(编)者:潘世伟　叶青　2012年12月出版 / 定价:69.00元

上海蓝皮书
上海经济发展报告(2013)
著(编)者:沈开艳　2013年1月出版 / 估价:59.00元

上海蓝皮书
上海社会发展报告(2013)
著(编)者:卢汉龙　周海旺　2013年1月出版 / 估价:59.00元

上海蓝皮书
上海文化发展报告(2013)
著(编)者:蒯大申　2013年1月出版 / 估价:59.00元

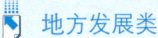 地方发展类

皮书系列 2013全品种

上海蓝皮书
上海文学发展报告(2013)
著(编)者:陈圣来 2013年1月出版 / 估价:59.00元

上海蓝皮书
上海资源环境发展报告(2013)
著(编)者:张仲礼　周冯琦 2013年1月出版 / 估价:59.00元

上海社会保障绿皮书
上海社会保障改革与发展报告(2012~2013)
著(编)者:汪泓 2013年1月出版 / 估价:65.00元

深圳蓝皮书
深圳经济发展报告(2013)
著(编)者:吴忠 2013年5月出版 / 估价:69.00元

深圳蓝皮书
深圳劳动关系发展报告(2013)
著(编)者:汤庭芬 2013年5月出版 / 估价:69.00元

深圳蓝皮书
深圳社会发展报告(2013)
著(编)者:吴忠　余智晟 2013年11月出版 / 估价:69.00元

温州蓝皮书
2013年温州经济社会形势分析与预测
著(编)者:胡瑞怀　王春光 2013年1月出版 / 估价:69.00元

武汉城市圈蓝皮书
武汉城市圈经济社会发展报告(2012~2013)
著(编)者:肖安民 2013年5月出版 / 估价:59.00元

武汉蓝皮书
武汉经济社会发展报告(2013)
著(编)者:刘志辉 2013年5月出版 / 估价:59.00元

扬州蓝皮书
扬州经济社会发展报告(2013)
著(编)者:张爱军 2013年1月出版 / 估价:78.00元

长株潭城市群蓝皮书
长株潭城市群发展报告(2013)
著(编)者:张萍 2013年6月出版 / 估价:69.00元

浙江蓝皮书
浙江金融业发展报告(2013)
著(编)者:刘仁伍 2013年4月出版 / 估价:69.00元

浙江蓝皮书
浙江民营经济发展报告(2013)
著(编)者:刘仁伍 2013年4月出版 / 估价:59.00元

浙江蓝皮书
浙江区域金融中心发展报告(2013)
著(编)者:刘仁伍 2013年4月出版 / 估价:79.00元

浙江蓝皮书
浙江市场经济发展报告(2013)
著(编)者:刘仁伍 2013年4月出版 / 估价:79.00元

郑州蓝皮书
2012~2013年郑州文化发展报告
著(编)者:王哲 2013年5月出版 / 估价:69.00元

中国省会经济圈蓝皮书
合肥经济圈经济社会发展报告No.4(2012~2013)
著(编)者:王开玉 等 2013年7月出版 / 估价:79.00元

中原蓝皮书
中原经济区发展报告(2013)
著(编)者:刘怀廉 2013年3月出版 / 估价:68.00元

社会科学文献出版社
SOCIAL SCIENCES ACADEMIC PRESS (CHINA)

社会科学文献出版社成立于1985年，是直属于中国社会科学院的人文社会科学专业学术出版机构。

成立以来，特别是1998年实施第二次创业以来，依托于中国社会科学院丰厚的学术出版和专家学者两大资源，坚持"创社科经典，出传世文献"的出版理念和"权威、前沿、原创"的产品定位，走学术产品的系列化、规模化、数字化、国际化、市场化经营道路，社会科学文献出版社先后策划出版了著名的图书品牌和学术品牌"皮书"系列、《列国志》、"社科文献精品译库"、"全球化译丛"、"气候变化与人类发展译丛"、"近世中国"等一大批既有学术影响又有市场价值的图书。

在国内原创著作、国外名家经典著作大量出版的同时，社会科学文献出版社长期致力于中国学术出版走出去，先后与荷兰博睿出版社合作面向海外推出了《经济蓝皮书》、《社会蓝皮书》等十余种皮书的英文版；此外，《从苦行者社会到消费者社会》、《二十世纪中国史纲》、《中华人民共和国法制史》等11种著作入选新闻出版总署"经典中国国际出版工程"。

面对数字化浪潮的冲击，社会科学文献出版社力图从内容资源和数字平台两个方面实现传统出版的再造，并先后推出了皮书数据库、列国志数据库、中国田野调查数据库等一系列数字产品。

在新的发展时期，社会科学文献出版社结合社会的需求、自身的条件以及行业的发展，提出了新的创业目标：精心打造人文社会科学成果推广平台，发展成为一家集图书、期刊、声像电子和数字出版物为一体，面向海内外高端读者和客户，具备独特竞争力的人文社会科学内容资源经营商和海内外知名的专业学术出版机构。

中国皮书网

发布皮书研创资讯，传播皮书精彩内容
引领皮书出版潮流，打造皮书服务平台

栏目设置：

- □ 资讯：皮书动态、皮书观点、皮书数据、皮书报道、皮书新书发布会、电子期刊
- □ 标准：皮书评价、皮书研究、皮书规范、皮书专家、编撰团队
- □ 服务：最新皮书、皮书书目、重点推荐、在线购书
- □ 链接：皮书数据库、皮书博客、皮书微博、出版社首页、在线书城
- □ 搜索：资讯、图书、研究动态
- □ 互动：皮书论坛

www.pishu.cn

中国皮书网依托皮书系列"权威、前沿、原创"的优质内容资源，通过文字、图片、音频、视频等多种元素，在皮书研创者、使用者之间搭建了一个成果展示、资源共享的互动平台。

自2005年12月正式上线以来，中国皮书网的IP访问量、PV浏览量与日俱增，受到海内外研究者、公务人员、商务人士以及专业读者的广泛关注。

2008年10月，中国皮书网获得"最具商业价值网站"称号。

2011年全国新闻出版网站年会上，中国皮书网被授予"2011最具商业价值网站"荣誉称号。

权威报告　热点资讯　海量资源

当代中国与世界发展的高端智库平台

皮书数据库 www.pishu.com.cn

皮书数据库是专业的人文社会科学综合学术资源总库，以大型连续性图书——皮书系列为基础，整合国内外相关资讯构建而成。包含七大子库，涵盖两百多个主题，囊括了近十几年间中国与世界经济社会发展报告，覆盖经济、社会、政治、文化、教育、国际问题等多个领域。

皮书数据库以篇章为基本单位，方便用户对皮书内容的阅读需求。用户可进行全文检索，也可对文献题目、内容提要、作者名称、作者单位、关键字等基本信息进行检索，还可对检索到的篇章再作二次筛选，进行在线阅读或下载阅读。智能多维度导航，可使用户根据自己熟知的分类标准进行分类导航筛选，使查找和检索更高效、便捷。

权威的研究报告，独特的调研数据，前沿的热点资讯，皮书数据库已发展成为国内最具影响力的关于中国与世界现实问题研究的成果库和资讯库。

皮书俱乐部会员服务指南

1. 谁能成为皮书俱乐部会员？
- 皮书作者自动成为皮书俱乐部会员；
- 购买皮书产品（纸质图书、电子书、皮书数据库充值卡）的个人用户。

2. 会员可享受的增值服务：
- 免费获赠该纸质图书的电子书；
- 免费获赠皮书数据库100元充值卡；
- 免费定期获赠皮书电子期刊；
- 优先参与各类皮书学术活动；
- 优先享受皮书产品的最新优惠。

阅读卡

3. 如何享受皮书俱乐部会员服务？

（1）如何免费获得整本电子书？

购买纸质图书后，将购书信息特别是书后附赠的卡号和密码通过邮件形式发送到pishu@188.com，我们将验证您的信息，通过验证并成功注册后即可获得该本皮书的电子书。

（2）如何获赠皮书数据库100元充值卡？

第1步：刮开附赠卡的密码涂层（左下）

第2步：登录皮书数据库网站（www.pishu.com.cn），注册成为皮书数据库用户，注册时请提供您的真实信息，以便您获得皮书俱乐部会员服务；

第3步：注册成功后登录，点击进入"会员中心"；

第4步：点击"在线充值"，输入正确的卡号和密码即可使用。

皮书俱乐部会员可享受社会科学文献出版社其他相关免费增值服务

您有任何疑问，均可拨打服务电话：010-59367627　QQ:1924151860

欢迎登录社会科学文献出版社官网（www.ssap.com.cn）和中国皮书网（www.pishu.cn）了解更多信息

皮书数据库
www.pishu.com.cn

皮书数据库二期全新上线

• 皮书数据库（SSDB）是社会科学文献出版社整合现有皮书资源开发的在线数字产品，全面收录"皮书系列"的内容资源，并以此为基础整合大量相关资讯构建而成。

• 皮书数据库现有中国经济发展数据库、中国社会发展数据库、世界经济与国际政治数据库等子库，覆盖经济、社会、文化等多个行业、领域，现有报告30000多篇，总字数超过5亿字，并以每年4000多篇的速度不断更新累积。2009年7月，皮书数据库荣获"2008～2009年中国数字出版知名品牌"。

• 2011年3月，皮书数据库二期正式上线，开发了更加灵活便捷的检索系统，可以实现精确查找和模糊匹配，并与纸书发行基本同步，可为读者提供更加广泛的资讯服务。

更多信息请登录

中国皮书网
http://www.pishu.cn

皮书微博
http://weibo.com/pishu

中国皮书网的BLOG [编辑]
http://blog.sina.com.cn/pishu

皮书博客
http://blog.sina.com.cn/pishu

请到各地书店皮书专架/专柜购买，也可办理邮购

咨询/邮购电话：010-59367028　59367070　　　邮　　箱：duzhe@ssap.cn
邮购地址：北京市西城区北三环中路甲29号院3号楼华龙大厦13层读者服务中心
邮　　编：100029
银行户名：社会科学文献出版社发行部
开户银行：中国工商银行北京北太平庄支行
账　　号：0200010009200367306
网上书店：010-59367070　　qq：1265056568
网　　址：www.ssap.com.cn　　　www.pishu.cn